Proibida a reprodução total ou parcial em qualquer mídia
sem a autorização escrita da editora.
Os infratores estão sujeitos às penas da lei.

A Editora não é responsável pelo conteúdo da Obra,
com o qual não necessariamente concorda.
O Autor conhece os fatos narrados, pelos quais é responsável,
assim como se responsabiliza pelos juízos emitidos.

Consulte nosso catálogo completo e últimos lançamentos
em **www.editoracontexto.com.br**

Fotos:

Marcelo Barreto

OS **11** MAIORES
**CAMISAS 10**
DO FUTEBOL
BRASILEIRO

Copyright © 2010 Do autor
Todos os direitos desta edição reservados à
Editora Contexto (Editora Pinsky Ltda.)


*Capa, projeto gráfico e diagramação*
Sergio Kon/A Máquina de Ideias

*Preparação de textos*
Adriana Teixeira

*Revisão*
Priscila Pereira Mota


Dados Internacionais de Catalogação na Publicação (CIP)
(Câmara Brasileira do Livro, SP, Brasil)

Barreto, Marcelo
    Os onze maiores camisas 10 do futebol brasileiro / Marcelo
Barreto. – São Paulo : Contexto, 2010.

    Bibliografia.
    ISBN 978-85-7244-464-4

    1. Futebol - Brasil - História 2. Jogadores de
futebol - Brasil I. Título.

10-00575                                            CDD-796.33426092

Índices para catálogo sistemático:

1. Brasil : Jogadores de futebol : Esporte
796.33426092


2010

EDITORA CONTEXTO
*Diretor editorial*
Jaime Pinsky

Rua Dr. José Elias, 520 – Alto da Lapa
05083-030 – São Paulo – SP
PABX: (11) 3832 5838
contexto@editoracontexto.com.br
www.editoracontexto.com.br

*A Simone, Nina e Pedro. O meu time só tem camisas 10.*

*A Wagner e Ligia, que me botaram em campo.*

*A toda a minha família, minha grande torcida.*

# Sumário

11    Apresentação

15    **CAPÍTULO 1**    Zizinho: um camisa 10 no tempo em que
o futebol não tinha números

Entrevista: Gérson

39    **CAPÍTULO 2**    Pelé: o maior jogador de todos os tempos
inventou a camisa 10

Entrevista: Zagallo

61    **CAPÍTULO 3**    Ademir da Guia:
o maestro de duas Academias do futebol

Entrevista: Leão

83    **CAPÍTULO 4**    Rivellino: o Reizinho que conquistou
muito mais fora do Parque

Entrevista: Ademir da Guia

105    **CAPÍTULO 5**    Dirceu Lopes: livre como um passarinho
para brilhar ao lado de Tostão

Entrevista: Tostão

125    **CAPÍTULO 6**    Zico: o Galinho que Pelé apontou
como sucessor da camisa 10

Entrevista: Júnior

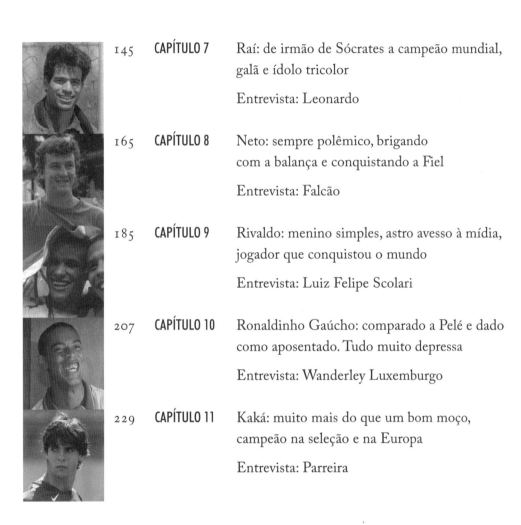

| 145 | **CAPÍTULO 7** | Raí: de irmão de Sócrates a campeão mundial, galã e ídolo tricolor |
| --- | --- | --- |
| | | Entrevista: Leonardo |
| 165 | **CAPÍTULO 8** | Neto: sempre polêmico, brigando com a balança e conquistando a Fiel |
| | | Entrevista: Falcão |
| 185 | **CAPÍTULO 9** | Rivaldo: menino simples, astro avesso à mídia, jogador que conquistou o mundo |
| | | Entrevista: Luiz Felipe Scolari |
| 207 | **CAPÍTULO 10** | Ronaldinho Gaúcho: comparado a Pelé e dado como aposentado. Tudo muito depressa |
| | | Entrevista: Wanderley Luxemburgo |
| 229 | **CAPÍTULO 11** | Kaká: muito mais do que um bom moço, campeão na seleção e na Europa |
| | | Entrevista: Parreira |

249  Bibliografia
251  Posfácio, *por Zico*
253  O autor
255  Agradecimentos

# Apresentação

Nos meus times de futebol de botão, o camisa 10 era a tampinha de relógio ou o galalite que melhor conseguia encobrir o goleiro com a bolinha. Naquele tempo, os anos 1970, o Brasil vivia o auge do 4-3-3, e o meio de campo de qualquer time – real ou de botão – tinha cabeça de área, meia-direita e meia-esquerda: 5, 8 e 10. O mais avançado, com dois dígitos às costas, era invariavelmente o mais técnico, e muitas vezes exercia também uma função de liderança. Era o ponta de lança, o craque, o dono do time, o herdeiro da camisa de Pelé.

Mas os anos passaram, o futebol mudou... E a tarefa de escalar uma seleção histórica de camisas 10 tornou-se tão difícil quanto prazerosa. Na Apresentação de *Os 11 maiores técnicos do futebol brasileiro*, o livro que abriu esta coleção, Maurício Noriega escreveu: "Atacante bom é aquele que faz gol. Goleiro bom é aquele que evita gol. E técnico bom, quem é?" A criteriosa lista que se seguiu a esse bem sacado primeiro parágrafo não escapou da corneta de torcedores e jornalistas – e este livro está longe de ter tal pretensão. Mas o Nori tinha uma vantagem: o técnico, bom ou ruim, é aquele lá na beira do campo. E o camisa 10, nesse futebol que foi do WM às duas linhas de quatro, passando por 4-2-4, 4-3-3, 4-4-2, 3-5-2... Onde está?

Para explicar o que é um camisa 10 talvez seja melhor começar falando sobre quem não é. Mas antes, um lembrete importante: usar o número às costas não é critério para ser escalado ou cortado da nossa seleção. Roberto Dinamite, por exemplo, durante muito tempo foi o 10 do Vasco. Mas era centroavante. Camisa 10, neste livro, não é numeração, é função.

E que função é essa?

Um grande armador não é necessariamente um camisa 10. Craques como Didi e Gérson conduziam o jogo no meio de campo, mas a tarefa deles começava lá atrás. Não eram volantes como os de hoje – embora Didi, ao lado de Zito na seleção de 58, e Gérson, com Carlos

Roberto no Botafogo e Carlinhos no Flamengo, formassem linhas de apenas dois jogadores à frente da zaga, em tempos menos defensivos do futebol. Mas serviam os atacantes com passes longos, sem ter a obrigação de se apresentar para dialogar com eles. Estilo nunca lhes faltou – assim como a Falcão, que chegava muito ao ataque, só que partindo de uma função defensiva. Contudo, no meu time de botão, todos seriam 5 ou 8.

Houve outros meias mais avançados, que até bateram na trave na hora da escolha. Sócrates, Juninho Pernambucano, jogadores de criação, com talento para chutar a gol. Mas ainda não era o suficiente. Ocupavam uma faixa de terreno um pouquinho mais distante da área. Podiam até ter a função de ditar o ritmo do time, ser aquele cara pelo qual todas as bolas passam. Mas o camisa 10 precisa jogar mais próximo dos atacantes, às vezes até finalizar como eles. No meu time de botão, esses seriam 8.

Mas e aqueles jogadores que atuam pertinho do ataque, sem responsabilidade de marcar, com liberdade para criar e chutar a gol? Jairzinho, Paulo César Caju, Edmundo, Bebeto... Esses, na minha avaliação, passaram um pouco do ponto. Quase incluí Ronaldinho Gaúcho nessa lista, mas em sua fase mais brilhante – que infelizmente não durou o que poderia –, ele jogou de 10, embora vestisse a 11. E seria a 11, ou a 7, que eu daria aos outros craques deste parágrafo.

Finalmente, há alguns que eram legítimos camisas 10 e não entraram neste livro. Cito seus nomes aqui não para me defender da corneta, mas porque realmente doeu não ter encontrado espaço para eles. Zenon, Dicá, Pita, Mendonça... Todos brilharam no tempo em que eu armava meus times de botão com um craque na meia-esquerda e sonhava ser como eles nos campinhos de pelada de Bicas. Outros, como Dida, eu não vi jogar, mas ninguém é ídolo do Zico à toa.

Talvez o seu camisa 10 tenha ficado fora destas e das próximas páginas. Mas espero que a seleção que montei, submetida aos palpites dos amigos e aos conselhos dos editores, consiga traçar o retrato mais fiel possível de uma posição que, para mim, é a cara do futebol brasileiro.

Arquivo/Agência O Globo

CAPÍTULO 1

# ZIZINHO

O camisa 8 da maior
derrota da história
do futebol brasileiro
foi um precursor
da camisa 10
e um dos primeiros
ídolos de Pelé.

Thomaz Soares da Silva foi um camisa 10 anterior à camisa 10. Quando começou a carreira profissional, no Flamengo, em 1939, ainda não se usavam números às costas. Essa prática só começaria a ser adotada no Brasil em 1950, quando Zizinho – como viria a ser conhecido Thomaz, apelidado primeiro de Thomazinho, por ter o nome do pai, e depois de Zinho – defendeu a seleção numa Copa do Mundo pela única vez. Foi usando a 8 que ele participou da campanha que terminaria com o *Maracanazo*, o maior trauma coletivo da história do país do futebol. Mas a derrota para o Uruguai naquela final não impediria que, ao fim da carreira, ele já fosse considerado um dos grandes jogadores brasileiros de todos os tempos – o bastante para ser um dos ídolos de Pelé, o homem que, como você vai ver no capítulo seguinte, transformou a camisa 10 no tema deste livro.

Zizinho surgiu para o futebol nos campos de pelada de São Gonçalo (a cidade do Grande Rio onde nasceu), quando imperava no Brasil a pirâmide, sistema tático inventado pelos escoceses no início do século: dois zagueiros, três médios [uma denominação que juntava volantes e laterais] e uma linha de cinco atacantes, dois deles um pouco mais recuados, fazendo a função de meias. Foi assim que a seleção brasileira, voltando da Copa da Itália, jogou um amistoso contra a seleção gonçalense, no campo do Neves, em 1934. O pequeno Thomaz, então com 13 anos, entrou de penetra no estádio para ver a linha de frente formada por Átila, Luís de Carvalho, Carvalho Leite, Leônidas da Silva e Patesco. Não podia sequer imaginar que cinco anos depois ocuparia a vaga de um deles.

Até lá, passou por alguns clubes – e outros tantos empregos. Perdera o pai aos 10 anos de idade, e sempre teve de conciliar o amor pela bola com a ajuda no sustento da casa. Jogando pelo Byron, de Niterói, fez testes no Bangu, no São Cristóvão e no América. As sucessivas frustrações – especialmente com o América, seu time do coração – fizeram com que tomasse uma decisão: só deixaria o Lloyd Brasileiro, onde trabalhava depois de ter passado por fábricas de tecido, vidro e tinta, se recebesse uma proposta para se profissionalizar. E ela finalmente veio: do Flamengo, o grande time carioca da época.

## "Menino, entra no lugar do Leônidas"

O primeiro treino de Zizinho na Gávea teve um roteiro de conto de fadas. Ainda desconfiado pelas recusas anteriores, ele assistia, numa quarta-feira à tarde, ao desfile de craques como Domingos da Guia num coletivo, sem pensar que teria uma chance. No segundo tempo, um daqueles astros se machucou. Era o Diamante Negro, o já consagrado atacante da seleção brasileira nas Copas de 1934 e 1938 – aquele que o menino Thomaz vira no campo do Neves. O técnico Flávio Costa olhou para a beira do campo e procurou um substituto: "Menino, você é o meia-direita que veio de Niterói? Entra no lugar do Leônidas".

Zizinho entrou. Na primeira bola que recebeu, ainda incrédulo, foi desarmado. Mas logo depois se deu conta de que teria apenas dez minutos para mostrar seu futebol. Na jogada seguinte, partiu em ziguezague na direção da defesa, livrou-se de um, dois, três adversários e chutou no contrapé. Repetiu a ousadia a poucos minutos do fim, com um requinte de categoria: ao perceber o goleiro adiantado, da entrada da área deu um leve toque por cobertura. Dois gols e uma excelente atuação que lhe valeriam o primeiro contrato profissional.

Mas sua afirmação não foi tão rápida quanto aqueles dez minutos. Ainda jogador amador do Byron, Zizinho passaria mais de 20 dias à disposição do Flamengo. E seria suspenso pelo clube de Niterói depois de um desentendimento no clássico local, contra o Barreto. Para que a punição fosse suspensa e a transferência autorizada, foi preciso que os dirigentes rubro-negros aceitassem fazer um amistoso do outro lado da Baía de Guanabara. Zizinho jogou – pela primeira vez de vermelho e preto – contra o time de sua juventude.

De contrato assinado, fez seu primeiro jogo oficial no que então se chamava de quadro de reservas [que era formado pelos jogadores não aproveitados no time principal e disputava as preliminares]. Marcou dois gols num empate de 2 a 2 com o Fluminense, antes de um clássico que entraria para a história do futebol carioca como o "Fla-Flu da Marmelada". Em 1939, enquanto os titulares conquistavam o título carioca, ele faria apenas mais duas partidas.

E foi pensando que estaria mais uma vez entre os reservas que Zizinho chegou ao Estádio de São Januário para um amistoso de pré-temporada contra o Independiente, da Argentina, em janeiro do ano seguinte. Ao se apresentar a Flávio Costa, recebeu um aviso do treinador: "O senhor vai jogar, ouviu, moço?" A primeira chance entre os titulares surgia de forma tão surpreendente quanto o treino de estreia. Dessa vez, Zizinho não fez gol. E correu tanto que teve de sair de campo faltando dez minutos para o fim de uma derrota por 4 a 3.

Mas o esforço foi recompensado: nunca mais perdeu a vaga. Jogou pelo Flamengo até 1950 e marcou 145 gols pelo clube.

## Ainda longe da posição de camisa 10, comanda o tricampeonato do Flamengo

O Flamengo do início dos anos 1940 não tinha mais Leônidas – que deixara o clube depois de um desentendimento numa excursão à Argentina. Na zaga, Domingos da Guia ainda reinava, e era o líder do time. Mas na linha de frente, entre os experientes Valido e Pirillo, sobrava lugar para um maestro, um condutor. E foi esse posto que Zizinho ocupou, numa formação que seria a base do primeiro tricampeonato carioca da história rubro-negra.

Em 1942, o Flamengo atuava no sistema diagonal, uma invenção de Flávio Costa. Era uma adaptação do wm, esquema tático criado na Inglaterra por Herbert Chapman, técnico do Arsenal. [O W era o ataque, com três jogadores avançados e dois um pouco mais atrás, na função de meias; o M, a defesa, com três zagueiros e dois médios – antepassados dos volantes e laterais – à frente deles.] Flávio recuou um dos médios para a defesa, formando uma linha de quatro, e transformou o quadrado do meio de campo em losango com o centroavante no vértice mais avançado, mantendo dois pontas abertos. Para se encaixar nesse desenho, Zizinho não precisou mudar muito a forma de jogar que trouxera de Niterói, onde formava a ala direita do Byron com o amigo Pequenino. Atuando como o vértice direito do losango do meio de campo, tinha liberdade para chegar à área adversária e fazer gols.

E foi jogando assim que conquistou, marcando 11 gols, seu primeiro título com a camisa rubro-negra, em 1942. O jogo decisivo foi contra o Fluminense, campeão no ano anterior graças ao famoso Fla-Flu da Lagoa, em que o empate que garantiu o título aos tricolores fora garantido com chutões que mandavam a bola para as águas da Lagoa Rodrigo de Freitas. Ironicamente, outro empate – 1 a 1 – dessa vez deu a taça ao Flamengo.

Com a chegada de Perácio, mais um atacante para o time de 1943, Zizinho precisou recuar um pouco. Tornou-se assim, segundo sua autobiografia, o primeiro meia-armador do futebol brasileiro, com um estilo mais à base de lançamentos. Aquela formação – que ele mesmo considerava a mais forte entre as que conquistaram o tricampeonato – era uma precursora do 4-2-4 com que o Brasil ganharia a Copa de 1958. O último jogo da campanha confirmou a superioridade: uma goleada de 5 a 0 sobre o Bangu.

O terceiro título foi conquistado sem Domingos da Guia, transferido para o futebol paulista, e sem Perácio, convocado para servir o exército brasileiro na Itália, nas batalhas da Segunda Guerra Mundial. O sistema se aproximou ainda mais do 4-2-4, com as adaptações que Flávio Costa precisou fazer na defesa e no ataque. Zizinho continuou atuando na segunda linha, a de dois meias, longe da posição que mais tarde caracterizaria os camisas 10. A emocionante decisão contra o Vasco foi vencida com um gol de Valido nos minutos finais (com os vascaínos reclamando de falta). O cidadão Thomaz terminou de pagar a casa onde morava, em Niterói, com o bicho desse campeonato.

## Convivendo com o lado B da fama

Em meio à conquista do tricampeonato carioca, Zizinho enfrentou momentos difíceis na vida e na carreira. Em 1942, logo depois de levantar sua primeira taça, foi convocado para a seleção carioca. Eram comuns, naquela época, os confrontos entre estados, no Campeonato Brasileiro de seleções. A maior rivalidade era entre cariocas e paulistas, que fizeram a final daquele ano. No primeiro jogo, em São Paulo, o clima já tinha esquentado por conta de uma arbitragem confusa quando, num lance acidental, Zizinho quebrou a perna de Augustinho.

Foi vaiado pelo resto da partida, e depois dela os torcedores quebraram os vidros do local onde os cariocas estavam concentrados. Já em casa, chegou a pensar em abandonar a carreira, mas foi demovido da ideia por amigos. Retomou seu lugar na seleção e fez o gol da vitória na partida de volta, no Rio. O título só foi decidido depois de dois jogos extras. Zizinho foi mais uma vez vaiado – e xingado – no primeiro, um empate em São Paulo, e derrotado no segundo, perdendo o título. E ainda sofreria um processo na Justiça comum, por causa do lance com Augustinho, sendo condenado a dois meses e 20 dias de prisão.

Levou um tempo para que se livrasse da pecha de jogador violento – o que nunca foi. E já então tinha de lidar com outro rótulo, o de notívago. De fato, Zizinho gostava de sair com os amigos, mas cumpria todos os compromissos profissionais. Por saber disso, Flávio Costa uma vez saiu em sua defesa com um gesto dramático. Na semana de um jogo contra o Botafogo, alguns dirigentes, que tinham visto o jogador no que na época ainda não se chamava balada, foram denunciá-lo ao treinador. Depois da partida – que o Flamengo venceu –, Flávio pediu que seu comandado tirasse a camisa, torceu-a para mostrar o suor que escorria e atirou-a aos pés dos tais dirigentes. O recado era claro: enquanto suar a camisa, pode sair à vontade.

## O Uruguai no caminho pela primeira vez

Durante a campanha do tri, Zizinho chegou à seleção brasileira. Foi convocado pela primeira vez para o Sul-Americano de 1942, em Montevidéu – e lá conheceu o adversário que marcaria sua vida para sempre. A Celeste Olímpica – como então já era conhecido o Uruguai, bicampeão olímpico e o primeiro campeão mundial –, venceu o Brasil por 1 a 0 no terceiro jogo [a estreia tinha sido outra derrota, de 2 a 1 para a Argentina] e acabaria conquistando o título.

Eram anos sem Copa do Mundo, por causa da guerra [da qual Zizinho não participou, embora tenha servido o exército de 1943 a 1945 e ganhado duas medalhas em campeonatos das Forças Armadas], e o Brasil só se media com as outras potências da América do Sul nas competições continentais. Ao longo da década, o equilíbrio começou a mudar. Em 1945, no Chile, a seleção já estava à altura dos rivais – mas voltou a perder, dessa vez para a Argentina. Zizinho, tricampeão carioca pelo Flamengo, se firmava como titular absoluto e um dos líderes do time. E viveria momentos marcantes nos confrontos contra os vizinhos.

Ainda em 1945, no fim do ano, enfrentou a Argentina pela Copa Roca, uma competição disputada em melhor de três partidas. Foi vaiado na primeira, no Morumbi, ainda por causa do acidente com Augustinho, três anos antes, embora tivesse feito um gol na derrota por 4 a 3. Na segunda, no Rio, perdeu um pênalti – o primeiro que bateu como profissional –, mas compensou a falha marcando um dos gols mais bonitos de sua carreira, levando a bola de uma área à outra.

O Brasil fez 6 a 2, até hoje a maior goleada sobre seu grande rival, e levou o título com outra vitória no Rio (3 a 1). Porém, um lance acidental tinha plantado nos argentinos a semente da vingança: no segundo jogo, numa dividida, o centroavante Ademir de Menezes quebrou a perna do zagueiro Batagliero.

No começo de 1946, na Copa Rio Branco – outro torneio disputado em melhor de três, contra o Uruguai –, Zizinho marcou no primeiro jogo, em Montevidéu. Mas o Brasil, que acusou os adversários de apelarem para todo tipo de recurso ilícito, perdeu por 4 a 3. O segundo foi ainda pior: assim que o mesmo Zizinho empatou em 1 a 1, no segundo tempo, uma provocação a Leônidas, que estava no banco, foi usada como pretexto para que a polícia uruguaia invadisse o gramado e usasse espadas para levar os brasileiros ao vestiário. Quando o time quis voltar, foi informado de que perdera a partida – e o título – por abandono de campo.

Com todas essas batalhas na bagagem, o Brasil atravessou o Rio da Prata para disputar o Sul-Americano. Depois de uma estreia tranquila contra a Bolívia, era a hora de reencontrar o Uruguai. Obdulio Varela já era o líder da Celeste, e mostrava a camisa aos companheiros pedindo reação, mas não impediu a derrota por 4 a 3. A decisão seria contra os argentinos – que não queriam apenas uma revanche. Os jornais passaram todo o campeonato pedindo vingança por causa da Copa Roca do ano anterior. Na entrada do estádio, os vendedores de frutas ofereciam "peras duras para atirar nos brasileiros". O fosso que separava o campo da arquibancada estava seco, permitindo a invasão de torcedores. Batagliero, que quebrara a perna na dividida com Ademir, foi exibido aos torcedores como um troféu de guerra antes da partida.

Estava criado o clima para o que ficou conhecido como "Batalha de Nuñez". E outro incidente foi o estopim que os argentinos queriam: aos 28 minutos, numa dividida, Jair dividiu com Salomon e quebrou-lhe a perna. O campo foi invadido e os brasileiros apanharam da torcida e da polícia. O ponta Chico, acusado de bater nos argentinos no Rio, foi o que mais sofreu. Acuados no vestiário, os jogadores já estavam de roupa trocada quando receberam do policiamento a ordem de voltar ao campo. Zizinho se negou. Segundo ele, Flávio Costa, que fora seu técnico no Flamengo, pediu ao time que "acomodasse" – o que ele interpretou como entregar o jogo. Sem seu capitão (substituído por Ademir, que ficara no banco para não reavivar o incidente com Batagliero), o Brasil perdeu por 2 a 0.

## Uma lesão grave antes do adeus ao Flamengo

Logo depois do tumultuado Sul-Americano de 1946, Zizinho foi excursionar com o Flamengo na Bahia. E acabaria fortemente impressionado pelo clima de misticismo da capital baiana. Numa festa para a entrega de um troféu, conheceu cantores famosos, como Manoelzinho e Dircinha Batista. O grupo recém-formado resolveu conhecer uma das grandes atrações da Boa Terra: um terreiro de candomblé. Embora fosse católico de formação, ele não se negou quando o chefe do terreiro o chamou para uma conversa em particular. Foi aconselhado a voltar ao local antes da viagem para o Rio, caso contrário sofreria um grave acidente de trabalho.

Ainda sob o impacto do encontro, deitou-se na cama de seu quarto na pensão de dona Maria, em frente ao Elevador Lacerda – eram outros tempos, os jogadores não ficavam em hotéis cinco estrelas. Antes de dormir, jogou ao lado da cama o último cigarro – eram outros tempos, os jogadores fumavam. Acordou com o quarto alagado e viu suas chuteiras no chão, estorricadas. Só soube o que acontecera por Perácio, seu companheiro de quarto: a parede de madeira pegara fogo (provavelmente por causa da brasa do cigarro), e Zizinho, exausto, não acordara enquanto os companheiros debelavam o incêndio com água.

Apesar do susto, voltou ao Rio – depois de mais uma partida, em que teve de usar as chuteiras de Jaime – sem passar novamente pelo terreiro. Mas estava impressionado e em tudo via presságios do acidente. Concentrado na sede do Flamengo, atirou-se de brincadeira na frente do carro de Ribas, um ponta paraguaio. O companheiro não conseguiu frear, e Zizinho escapou por pouco de ser atropelado. E acabou realmente se machucando, logo na partida de estreia pelo Campeonato Carioca, contra o Bangu. Ao tentar chutar uma bola em Adauto para cavar um escanteio, atingiu as travas da chuteira do adversário. Fraturou o terço médio dos ossos que então eram chamados de tíbia e perônio.

Só voltaria a jogar no ano seguinte – inicialmente pelos aspirantes, para ganhar confiança. Quando finalmente se juntou aos titulares, na partida de estreia do Campeonato Carioca, contra o América... machucou-se de novo. Uma pancada de Jorginho o tirou de campo em sua primeira jogada. Numa época em que a medicina esportiva ainda não estava tão desenvolvida, a recuperação foi longa e pontuada por incertezas. Tentou voltar contra o Olaria e sentiu dores fortíssimas, mas permaneceu em campo para desafiar um preconceito comum no futebol de então – o de que jogadores que sofriam lesões graves tinham "complexo de dor".

O reencontro com os gramados só se daria, de fato, em 1948. Zizinho se recuperou completamente e ganhou o "Oscar de jogador mais eficiente" do Campeonato Carioca, um prêmio importante então oferecido pelo *Jornal dos Sports*. Mas não conseguiu levar o Flamengo ao título – o equilíbrio de forças no estado tinha mudado, e o time só voltaria a ser campeão depois de seu maior craque ir embora.

## Uma máquina de fazer gols na preparação para a Copa

Os anos de perna quebrada afastaram Zizinho também da seleção. O Brasil disputou sem ele o Sul-Americano de 1947, um fracasso no Equador. Mas em 1949 a disputa seria em casa, e o craque – que não fora convocado desde que se recusara a voltar ao campo na Batalha de Nuñez, três anos antes – juntou-se aos antigos e aos novos companheiros. Nomes como Barbosa, goleiro do Vasco [o time que dominava o futebol carioca no fim dos anos 1940], agora se juntavam a craques já consagrados, como Danilo Alvim e Jair Rosa Pinto. Zizinho voltou marcando um dos nove gols de uma estrepitosa goleada sobre o Equador, no jogo de estreia.

Faria mais dois contra a Bolívia, em outra goleada (10 a 1, a maior da competição), e terminaria o campeonato com cinco, além da confiança restabelecida por ter sido titular em todas as partidas. O Brasil que os torcedores viam em casa, preparando-se para a Copa de 1950, era uma máquina de fazer gols. Os únicos placares apertados foram uma vitória de 2 a 1 sobre o Chile e uma derrota de 2 a 1 para o Paraguai, num jogo em que o goleiro adversário, Garcia, foi o melhor em campo. A final foi um desempate entre as duas equipes, que terminaram a primeira fase com o mesmo número de pontos. Garcia – que seria contratado pelo Flamengo no mesmo ano – voltou a brilhar, mas não impediu mais um massacre: 7 a 0.

Era a primeira conquista brasileira no Campeonato Sul-Americano desde 1922 [na verdade, a seleção só vencera, além desse, o de 1919, também disputado em casa]. Embora o técnico Flávio Costa tenha cedido à exigência da CBD de escalar mais jogadores de times paulistas nas disputas em São Paulo e mais jogadores de times cariocas no Rio, começava a se formar a base para a seleção que representaria o Brasil – então apenas um coadjuvante no futebol mundial – na Copa de que seria sede.

## A maior mágoa da carreira

Pouco depois de viver uma grande alegria com a seleção brasileira, Zizinho sofreria o que depois diria ter sido a maior mágoa de sua carreira: a saída do Flamengo. A relação com o clube começou a se desgastar ainda em 1949. Depois do Sul-Americano, ele e Jair Rosa Pinto se apresentaram para disputar o Campeonato Carioca. Por ser ex-jogador do Vasco, Jair foi submetido a todo tipo de pressão na semana de um jogo importante contra o rival – que tinha o melhor time do Rio na época. Entrou em campo nervoso, perdeu um gol e foi julgado culpado da derrota por 5 a 2 [embora Zizinho e Esquerdinha também tivessem desperdiçado oportunidades importantes].

Na saída, ao perceber que o vestiário estava cercado de torcedores, Zizinho decidiu acompanhar o amigo, a quem chamava de Cabeça. A eles se juntou Gilberto Cardoso, então chefe do departamento médico do Flamengo. Um rápido diálogo com os exaltados torcedores terminou com um aviso: "Não toquem no Jair, pois terão que fazer o mesmo comigo". Zizinho ganhou a parada, mas perdeu o companheiro de time, vendido no dia seguinte ao Palmeiras.

Dizem até que a camisa de Jair foi queimada, mas sua saída não mudou o rumo das coisas. O Flamengo perdeu mais duas vezes (no segundo turno e no Rio-São Paulo) para o Vasco, campeão carioca de 1949. E foi em meio à disputa do torneio interestadual que Zizinho descobriu que também tinha sido negociado – com o Bangu. Foi um episódio doloroso para o jogador, que soube da negociação quando ela já estava em andamento. Quando foi procurado pelo dirigente Machado Goulart, que mais tarde viria a ser seu cunhado, decidiu imediatamente que, se o Flamengo não o queria, aceitaria a transferência sem fazer exigências. Mas o acordo demorou a ser fechado e os boatos começaram a surgir. Só quando já estava jogando pela seleção carioca em mais uma final contra os paulistas é que recebeu a notícia: seu ciclo de dez anos na Gávea estava oficialmente encerrado.

No dia seguinte, fez seu primeiro gol como jogador do Bangu, com um voleio de esquerda – que não era sua perna boa – após um cruzamento do vascaíno Chico. Os cariocas venceram os paulistas, em São Januário, por 4 a 0, e conquistaram o título do Campeonato Brasileiro de Seleções depois de um empate em São Paulo.

A passagem de Zizinho pelo Bangu começou com tristeza e terminou sem glórias. Em seis anos, marcou 120 gols e se tornou o quinto maior artilheiro do clube do subúrbio carioca. Mas sua chegada não foi suficiente para formar um time vencedor – a melhor campanha foi o vice-campeonato de 1951, quando ele teve a companhia de Rui, com quem já jogara pela seleção. O campeão de 1933 só conquistaria outro título muito depois de sua saída, em 1966.

Houve, porém, um jogo para ficar na história – do Bangu e de Zizinho. Em seu primeiro confronto oficial com o Flamengo (depois de dois amistosos para ajudar no pagamento do passe), pelo Campeonato Carioca de 1950, ele parecia disposto a provar que sua venda tinha sido um erro. Comandou seu novo time numa goleada inesquecível: 6 a 0. Só não contava com quem o esperava na saída do vestiário. Pela primeira vez, dona Quitu, sua mãe, tinha ido vê-lo jogar. E passou-lhe uma descompostura por ter sido tão implacável com seus ex-companheiros de clube.

## O *Maracanazo*, condenação perpétua

Zizinho tinha acabado de assinar o contrato com o Bangu quando se apresentou à seleção brasileira para o primeiro compromisso de 1950: a Copa Rio Branco. Foram três jogos duríssimos contra o Uruguai, o primeiro campeão mundial e um dos mais tradicionais rivais do Brasil. Uma derrota por 4 a 3 e duas vitórias, por 3 a 2 e 1 a 0, deram o título – e a certeza de que os vizinhos continuavam sendo adversários muito difíceis de bater. A torcida brasileira não se lembraria disso na final da Copa, mas Zizinho sim.

Ele chegou ao Mundial machucado. Sofreu uma entorse no joelho num treino contra o Flamengo e ficou fora dos dois primeiros jogos – uma goleada de 4 a 0 sobre o México e um inesperado empate em 2 a 2 com a Suíça. O técnico Flávio Costa disse a seu velho conhecido que precisava dele para a partida decisiva, contra a Iugoslávia. O Brasil só passaria para a segunda fase se vencesse. Zizinho fez compressas quentes, tratou-se com uma pomada que lhe disseram ser usada por cavalos de corrida e entrou em campo com o local enfaixado e coberto por uma joelheira.

Com o calor do jogo, esqueceu-se da dor. Fez um gol na vitória por 2 a 0 e foi eleito o melhor em campo. Sua atuação inspirou o jornalista italiano Giordano Fattori, que cobria a Copa para a *Gazzetta dello Sport*, a escrever: "O futebol de Zizinho me faz recordar Da Vinci pintando alguma coisa rara". Por causa da comparação, o craque brasileiro ganharia um apelido que o acompanharia por toda a carreira: Mestre Ziza.

Ninguém pensava mais no Uruguai, na Inglaterra – que chegou para sua primeira participação numa Copa como a grande favorita e foi eliminada na primeira fase – ou no joelho dolorido de Zizinho depois dos dois primeiros jogos da fase final, um quadrangular que apontaria o vencedor como campeão mundial. O Brasil venceu a Suécia por 7 a 1 e a Espanha por 6 a 1, com um gol do recém-batizado Mestre Ziza e a torcida cantando a marchinha "Touradas em Madri" na arquibancada. Precisava apenas de um empate contra os uruguaios para conquistar o título.

Em sua autobiografia, Zizinho relata todo o clima de "já ganhou" que cercou a decisão. A concentração, na então remota Barra da Tijuca, foi mudada para São Januário para facilitar o acesso de visitantes – principalmente políticos. Os jogadores assinaram faixas de campeão mundial e souberam que ganhariam relógios de ouro e passeio em carruagem na festa do título. O almoço, no dia do jogo, foi atrasado por encontros com os dois candidatos à presidência da República. Na chegada ao estádio, o prefeito do Rio, Ângelo de Morais, recebeu a delegação com palavras que depois ficariam tristemente famosas: "Prometi a vocês o Maracanã e cumpri. Agora façam a sua parte, dando ao Brasil o campeonato do mundo".

O que aconteceu no dia 16 de julho de 1950 já foi tão relatado pelos historiadores quanto o 7 de setembro da Independência ou o 15 de novembro da República. Quase 200 mil brasileiros viram Friaça abrir o placar, Schiaffino empatar e Ghiggia virar. Muitos juram também ter visto um tapa de Obdulio Varela, o capitão uruguaio, em Bigode – mas Zizinho jurava que isso nunca existiu.

Ao longo dos anos seguintes, ele deu várias entrevistas sobre a final, sempre tentando inocentar seus companheiros – principalmente o goleiro Barbosa, acusado de falhar no segundo gol. Chegou a dizer, numa palestra a estudantes cariocas, já na década de 1990, que preferia ter disputado a final pela seleção uruguaia, que considerava mais equilibrada. Mas o nome de Zizinho – como o de Barbosa, o de Bigode e todos os outros – sempre esteve ligado ao *Maracanazo*.

## Antes do adeus, o encontro com o sucessor

A Copa de 1950 foi a única da carreira de Zizinho. Ele continuaria servindo à seleção até 1957, mas não foi convocado para o Mundial seguinte, em 1954, na Hungria. Além do preconceito com que eram tratados os jogadores de 1950, tinha operado o menisco no ano anterior. Estava confiante de que seria chamado em 1958, quando ainda exibia boa forma. Chegou a ser informado pelo médico daquela seleção, Hilton Gosling, de que o técnico Vicente Feola, que o deixara fora da primeira lista, tinha mudado de ideia. Mas, fiel aos seus princípios, nem quis ouvir um possível convite.

O curioso é que Feola tinha feito um grande esforço para que Zizinho jogasse por aquele que seria seu último clube no Brasil, o São Paulo. Atuou diretamente para conseguir seu empréstimo, em 1957. E foi plenamente recompensado. A adaptação do já veterano Mestre Ziza a um time que tinha alguns de seus ex-companheiros de seleção, como Gino e Dino Sani, e velhos conhecidos, como Poy e Mauro Ramos de Oliveira, foi imediata. Nem mesmo a mudança de lado no campo, passando a atuar na meia-esquerda, o afetou. Pelo contrário: o entrosamento com Canhoteiro, um dos maiores pontas da época, começou no primeiro treino, de apenas 40 minutos.

Zizinho se apresentou ao São Paulo numa segunda-feira, ao voltar de um jogo pela seleção carioca na Argentina. Soube da conclusão das negociações no cafezinho do aeroporto e interrompeu a viagem. Estreou dois dias depois, vencendo o Palmeiras por 4 a 2. Fez seu primeiro gol na partida seguinte, uma goleada de 7 a 1 sobre o XV de Piracicaba. E na terceira enfrentou Pelé, na época um menino de 17 anos. Era, sem que nenhum dos dois soubesse, a troca da guarda no

Zizinho em excursão pela seleção brasileira: pena eterna por 1950.

futebol brasileiro. O grande craque da primeira metade do século XX passava a coroa ao que seria o rei de todos os tempos. Naquele dia, quem marcou – e venceu, por inesperados 6 a 2 – foi Zizinho.

O veterano, chamado de professor e doutor pelos companheiros, seria campeão paulista naquele ano, com uma emocionante vitória sobre o Corinthians na final. Deixaria o clube no ano seguinte, com a marca de seu temperamento: acusado de viver na noite, rescindiu o contrato com o campeonato em andamento.

Ainda teve uma passagem como jogador pelo Audax Italiano, do Chile, que depois o convidaria para ser treinador. Despediu-se do futebol deixando seu sucessor e levando consigo, para sempre, a marca de uma derrota que o Brasil teima em não esquecer.

ENTREVISTA:
# GÉRSON

"Esse era mestre. Melhor não vai ter. Difícil explicar o mestre. O mestre não tem explicação."

"É brincadeira! Tá certo?" Bordões como esses, muitas vezes gritados com a voz inconfundível de quem nos tempos de jogador era apelidado de Papagaio, não deixam dúvida: quem está falando de futebol é Gérson. Esse comentarista esportivo de grande sucesso no rádio e na televisão, que nasceu e ainda hoje mora em Niterói, no Grande Rio, tem muita autoridade para tratar do assunto. Muitas vezes usando a camisa 10 – embora jogando mais à base de lançamentos, ele foi um dos maiores jogadores do Brasil em todos os tempos.

Lançado no Flamengo, atuou num dos grandes times da história do Botafogo, foi campeão pelo São Paulo e encerrou a carreira no Fluminense – que ele nunca escondeu ser seu time do coração. Mas o ápice de seu sucesso foi alcançado no tricampeonato com a seleção brasileira no México, em 1970. Ele já vestira a camisa amarela no Mundial da Inglaterra, quatro anos antes. Além das lições que aprendeu com o fracasso daquela seleção, encontrou no time de camisas 10 montado por Zagallo no México o espaço ideal para seus lançamentos precisos.

No começo da carreira, Gérson teve o privilégio de conviver com grandes craques do futebol brasileiro. Um deles foi Zizinho, que como ele era morador de Niterói.

"É brincadeira! Tá certo?" Gérson, campeão do mundo em 1970, foi aluno do Mestre Ziza.

*Como foi que Zizinho se tornou seu mentor?*
Meu pai jogou com o pai dele nos campeonatos de Niterói. Quando
comecei, ele meio que me adotou no futebol. Zizinho me dizia o
que fazer, como me posicionar em campo, como me defender numa
dividida. Ele sabia tudo. Foi meu mestre, ao lado do Jair Rosa Pinto
e do Didi, que também sempre me aconselharam muito.

*Quais eram os principais ensinamentos que ele passava?*
Sobre as divididas, dizia que uma bola sem dono é de quem
chega primeiro. Sobre posicionamento, perguntava: "Por que ir
até o campo do cara? Marcador que corre atrás do atacante está
malposicionado." E também me explicou a importância de saber
lançar. Por que correr para entregar em domicílio? Eu sabia fazer,
mas veio o ensinamento e me aprimorei. Ficava na intermediária,
treinando para meter a bola numa baliza de salto lá na ponta. Na
hora de lançar para o Pelé, para o Jairzinho, ficou mais fácil.

*O Zizinho jogaria naquela seleção de 1970?*
E eu ia ter que sair, cara? (risos) O Zizinho, o Jair e o Didi jogariam
em qualquer seleção, em qualquer época.

*Você chegou a jogar contra ele? Viu-o em campo muitas vezes?*
Só joguei contra ele uma vez, numa pelada em Teresópolis. O
Heleno Nunes, que foi presidente da CBD, era o mandachuva do
campo lá, e chamava jogadores como nós e o Robson, que era do
Fluminense. Foi uma honra. Ver, eu vi muito, principalmente no
Bangu, quando ele jogou ao lado do Décio Esteves.

*Zizinho era meia-direita na época do WM. Você considera correto escalá-lo
aqui, entre os maiores camisas 10 do futebol brasileiro?*
O meia-direita, naquela época, fazia uma função de ligação, mas
também ia ao ataque. Depois é que inventaram o meia-armador,
e no fim das contas puxaram o ponta para trás. Chamam isso de
evolução. Hoje, um ponta como o Garrincha ou o Canhoteiro ia
chorar de rir com esses esquemas. O Zizinho jogava numa época

em que os meias deixavam os pontas livres para fazer aquelas coisas maravilhosas.

*No São Paulo, Zizinho e Canhoteiro jogaram juntos...*
Foi fácil eles se entrosarem, porque os dois sabiam tudo. O Canhoteiro fazia o lateral adversário se sentar no gramado e parava para dar risada. O negócio dele era se divertir. Um dia, ele perguntou a um desses marcadores, o Jadir: "É jogo de compadre ou é sério?" É que os jogadores se encontravam antes das partidas, não havia clima para violência, e o Jadir tinha dado uma entrada dura nele logo no começo. E quando ele respondeu que era sério, o Canhoteiro foi embora. Saiu de campo!

*Zizinho falava de como era jogar com esses craques?*
Uma das grandes histórias que ele contava é que jogou com o Leônidas da Silva, na seleção, e depois com o Leônidas da Selva [o primeiro era o Diamante Negro, craque das Copas de 1934 e 1938; o segundo, um centroavante goleador, mas sem recursos técnicos, que jogava pelo América e chegou à seleção em 1956]. Estava acostumado a lançar na medida para o da Silva. Quando chegou o da Selva, repetiu o capricho. Ele arrumava e o cara perdia o gol, arrumava e perdia... Até que o outro Leônidas pediu: "Não dá muito arrumada, não..." Ele não estava acostumado a receber bola boa, não tinha categoria para dominar, preferia ir para a trombada mesmo. O Ziza passou a lançar na dividida, mais para perto do zagueiro, e aí é que deu certo.

*E sobre a Copa de 1950, costumava falar?*
O que ele contava é que foi aquela badalação toda. E sempre disse que o Uruguai era bom, mas não melhor do que o Brasil. Se os dois times jogassem 50 Copas, nós ganharíamos 49. É igual ao que aconteceu com a seleção brasileira de 1982 e com a Hungria de 1954. Já conversei sobre isso com o Puskas e falei: "Vocês meteram oito gols na Alemanha na primeira fase, era para meter mais oito na final". Mas o futebol tem dessas coisas.

*Zizinho costumava dizer que sua maior mágoa não foi perder a Copa de 1950, mas sair do Flamengo. Como isso o marcou?*
Ele dizia que era flamenguista roxo. Não gostava de dizer doente, mas os amigos provocavam: "Quem está roxo está doente". Tem até uma música do Flamengo para o Zizinho. Ele aprendeu e ensinou lá. Mas no fim das contas foi bom sair. O mestre tem que ir a outros lugares para mostrar como se faz.

*Que lembrança essa convivência fora de campo deixou em você?*
Zizinho era gente da melhor qualidade. Um grande contador de histórias. Gostava de ensinar, também. Chegou até a ser treinador. Às vezes, quando os jogadores não entendiam, ele pegava a bola e fazia. Fico pensando o que ele diria a um desses volantes de hoje, essas barangas que não jogariam nem na minha pelada.

*E no campo, que marca o Zizinho deixou?*
Uma vez perguntaram sobre o Ziza ao Pelé, e ele respondeu: "Esse era o mestre". Melhor não vai ter. É difícil definir o mestre. É a inteligência, a capacidade, o PhD. O mestre não tem explicação.

CAPÍTULO 2   **PELÉ**

O Rei do Futebol inventou
o conceito de camisa 10 –
não só pela função que exercia,
mas pela magia com que
a vestiu no Santos
e na seleção.

"O homem mais conhecido do mundo é o brasileiro Pelé." Com essa frase simples e direta, ao mesmo tempo abrangente e impactante, o texto de Armando Nogueira abre o filme *Pelé Eterno*, de Aníbal Massaini Neto.

Em dez palavras, o "Pelé" do jornalismo esportivo resume a transcendência do homem, do jogador, do mito, do substantivo... Edson Arantes do Nascimento é tudo isso e muito mais. E sobre esse nome já se escreveu tudo isso e muito mais. Você provavelmente já sabe que ele nasceu em Três Corações, no sul de Minas Gerais; filho de Dondinho, um ex-jogador de futebol, e de Celeste, uma dona de casa; que passou a infância no interior de São Paulo e foi de Bauru para Santos conquistar o mundo. Para este livro, porém, importa especialmente um item da biografia do homem mais conhecido do mundo: foi ele o inventor do camisa 10.

E, como sói acontecer aos mitos, há uma pitada de destino na origem dessa lenda. Pelé estreou na seleção brasileira – aos 16 anos, convocado pelo técnico Sylvio Pirillo por causa de suas atuações no Santos e num combinado Santos-Vasco – justamente no lugar do jogador que vestia a 10. Era Del Vecchio, seu companheiro no Peixe. Foi saindo do banco que ele marcou o primeiro de seus 95 gols pela seleção – empatando o jogo, que terminaria 2 a 1 para a Argentina, pela Copa Roca de 1957.

O encontro definitivo com a 10 da seleção – que ele chegara a vestir nos amistosos de preparação no Brasil – só se daria na Copa do Mundo de 1958, na Suécia. Lá, a numeração dos jogadores brasileiros foi distribuída aleatoriamente por um funcionário da Fifa, porque a lista de inscrição chegou sem ela. O goleiro Gilmar, por exemplo, ficou com a camisa 3. Pelé ganhou a 10... e o resto é história. Mas o que nem todo mundo se lembra é que essa história já tinha começado aqui no Brasil.

## Na Suécia, o encontro definitivo – e por acaso – com a camisa 10

Foi na Suécia que Pelé eternizou a camisa 10, que aos poucos passaria a ser usada, em todo o mundo, pelo principal jogador, o craque, sem que a posição importasse tanto. Ocorre que ele já era o 10 do Santos – não por ser, literalmente, o Pelé do time, mas por ocupar uma posição que então se chamava ponta de lança.

Pelé nasceu para o futebol numa época em que reinava, no Brasil, o esquema tático 4-2-4, uma criação da brilhante seleção húngara dos anos 1950. O técnico Gyula Mandi fez uma adaptação do WM, o primeiro e mais usado sistema do futebol mundial até então. O W da sigla representava o ataque, com três homens mais avançados e dois um pouco mais atrás. A Hungria assombrou o mundo goleando a Inglaterra em Wembley, em 1953, com um meia (Puskas, que usava a camisa 10) unindo-se a essa linha de frente, atuando como elemento surpresa, livre para armar e finalizar.

Era assim que Pelé jogava no Santos, com Dorval, Mengálvio e Pepe. E foi assim que jogou na seleção de 1958, com Garrincha, Vavá e Zagallo – este último já começando a migrar para o meio, fazendo a dupla função que resultaria na evolução para o 4-3-3. O Brasil conquistou o bicampeonato mundial no Chile, em 1962, usando esse esquema tático, que se disseminou pelo país e foi o predominante pelo resto da carreira de Pelé. O quarto atacante se transformava em meia-esquerda. E o Rei – definido como meia-atacante na biografia publicada em seu site pessoal na internet – continuou, acima e além das mudanças táticas, a construir a mística da camisa 10.

## O maior goleador de todos os tempos

No ataque ou no meio, Pelé sempre fez gols. Muitos gols – foram 1.283 ao longo da carreira. Seu surgimento precoce na seleção, numa época em que os meios de comunicação ainda não tinham tanto alcance e era perfeitamente possível nunca ter ouvido falar de um jogador convocado para a Copa, levou muita gente a pensar que o garoto de 17 anos que encantava o mundo nos gramados suecos estava desabrochando ali. Mas os goleiros de São Paulo já sabiam que não era bem assim. Em seu primeiro Campeonato Paulista, o de 1957 – um ano depois de desembarcar em Santos e um ano antes de embarcar para a Suécia –, Pelé fez 20 gols, tornando-se o mais jovem artilheiro da história da competição. No Paulistão de 1958, o ano da graça da camisa 10, foram 58. Na temporada seguinte, somando todos os campeonatos, a conta de redes balançadas chegou a 124. Em três anos seguidos, logo no começo da carreira, três recordes, nenhum deles quebrado até hoje, 50 anos depois.

E nas condições atuais do futebol brasileiro, é difícil imaginar que outras marcas – por exemplo, a de 11 títulos de artilheiro do Campeonato Paulista entre 1957 e 1973 – sejam derrubadas. Primeiro, porque não há outro Pelé; segundo, porque os campeonatos encolheram e poucos jogadores ficam tanto tempo no país. Mas um de seus grandes feitos foi superado na Alemanha, em 2006: Ronaldo, um centroavante, chegou aos 15 gols pelo Brasil em Copas do Mundo, contra 12 do camisa 10. O Fenômeno só não conseguiu ameaçar Pelé como o maior artilheiro da história da seleção. Foram 95 gols em 114 partidas, 92 delas oficiais.

Pelé é também o maior artilheiro do futebol mundial em todos os tempos, qualquer que seja o critério utilizado na contagem. Alguns especialistas não aceitam os 1.283 gols – embora todos tenham sido efetivamente marcados, em 1.375 jogos (oito deles depois de encerrar a carreira), resultando na incrível média de 0,93 gol por jogo. É que nessa conta entram os que ele fez em partidas não oficiais, defendendo seleções como a do 6º Grupo de Artilharia de Costa Motorizado, Paulista, das Forças Armadas, do Sindicato dos Atletas de São Paulo, do Sudeste e dos Amigos do Garrincha. Tirando esses, e também os que anotou pelo Cosmos, no fim da carreira – porque o time jogava numa liga americana que não tinha vínculo com a Fifa e trazia inovações como jogos em campo de grama sintética e o *shoot-out* no lugar da disputa de pênaltis –, sobrariam 1.199. Tá bom, né?

# A saga do milésimo gol

Um dos problemas da lista "oficial" de gols de Pelé é que, contando apenas os marcados em partidas aceitas pelos estatísticos do futebol, a marca de mil teria sido atingida numa goleada de 7 a 0 do Santos sobre o América do México. Mas não foi o dia 4 de fevereiro de 1970, em que essa partida foi disputada, que entrou para a história do futebol. A data que todo mundo conhece é 19 de novembro de 1969.

O Santos enfrentava o Vasco no Maracanã, depois de um giro pelo Nordeste em que o gol mil insistiu em não sair. O 999 foi marcado no dia 14, de pênalti, contra o Botafogo da Paraíba, num amistoso que inaugurou o Estádio Governador José Américo de Almeida. O jogo seguinte era contra o Bahia, na Fonte Nova, apenas dois dias depois. Cem mil pessoas foram presenciar o que consideravam um inevitável momento histórico. Mas a história é que o momento foi evitado. No primeiro tempo, pelo zagueiro Nildo, que cortou em cima da linha uma bola que já passara pelo goleiro e pelo resto da vida distribuiu cartões de visita em que constavam seu nome e uma alusão ao lance: "Nildo, o homem que evitou o milésimo gol de Pelé". No segundo, pela trave. Ainda hoje há quem discuta se Pelé perdeu os dois gols de propósito, para guardar o de número mil para um palco maior e mais famoso.

De propósito mesmo foi o que ele fez aos 33 minutos do segundo tempo do jogo contra o Vasco, válido pelo Torneio Roberto Gomes Pedrosa. Diante de um goleiro argentino e de um Maracanã emudecido pela expectativa, cobrou um pênalti no canto esquerdo, viu a bola roçar os dedos de Andrada – que socou o chão, enfurecido por não conseguir fazer a defesa – e correu para dar a volta olímpica, cercado por companheiros, adversários, jornalistas e penetras de todos os tipos. Diante dos microfones, pediu para que o Brasil olhasse por suas criancinhas, declaração frequentemente ironizada, mas que o tempo provou sábia.

## "O difícil, o extraordinário, não é fazer mil gols como Pelé. É fazer um gol como Pelé"

O milésimo gol de Pelé foi testemunhado, ao vivo, por 65.157 torcedores. Foi também registrado pelas câmeras de TV, e por isso até hoje é possível revê-lo – em programas de TV, documentários em DVD, na internet... O mesmo não acontece, no entanto, com os dois gols mais bonitos de sua carreira. Deles, ficaram apenas uma placa e um busto de bronze. E a constatação do poeta Carlos Drummond de Andrade: "O difícil, o extraordinário, não é fazer mil gols como Pelé. É fazer um gol como Pelé."

A placa está no mesmo estádio do milésimo gol, e hoje é uma das principais atrações de seu recém-inaugurado Centro de Memória. "Neste campo, no dia 5-3-1961, Pelé marcou o tento mais bonito da história do Maracanã", diz a inscrição. O texto e a iniciativa são do jornalista Joelmir Beting, que se tornaria famoso mais tarde como especialista em economia, mas que, na época, era repórter do jornal *O Esporte*, de São Paulo. Ele queria homenagear um dos gols de Pelé contra o Fluminense, numa vitória de 3 a 1 pelo Torneio Rio-São Paulo. E acabou criando uma expressão que foi parar no dicionário: a partir de então, gol bonito virou "gol de placa".

A jogada começou na entrada da área do Santos, com um passe do lateral Dalmo para Pelé, que a conduziu em velocidade até a área do Fluminense, livrando-se no caminho de quatro marcadores – Pinheiro, Clóvis, Jair Marinho e Altair – e tocando na saída do goleiro Castilho. Eram decorridos 40 minutos do primeiro tempo. A torcida do Fluminense aplaudiu o camisa 10 adversário, de pé, por dois minutos. E voltou a aplaudi-lo do apito final do primeiro tempo até o momento em que ele desapareceu pela escada que leva aos vestiários.

Naquela época, os registros de imagem de jogos de futebol eram feitos em filme, como os do cinema. O rolo dessa partida ainda existe, mas os trechos que mostrariam os dois gols de Pelé foram recortados – com tesoura mesmo –, e ninguém sabe onde foram parar. Só mesmo Joelmir e os tricolores que aplaudiram de pé o gol de placa têm o registro – na memória.

O gol que o próprio Pelé considera o mais bonito de sua carreira, no entanto, já tinha sido marcado no dia 2 de agosto de 1959, num palco bem mais modesto: o Estádio Conde Rodolfo Crespi, mais conhecido por sua localização, a rua Javari, no bairro da Mooca, em São Paulo. O Santos vencia o Juventus, dono da casa, por 3 a 0, pelo Campeonato Paulista. Diante do massacre, a torcida local resolveu pegar no pé do já consagrado craque da seleção brasileira, campeão do mundo no ano anterior.

Foi sob vaias e insultos que Pelé recebeu um cruzamento feito da direita por Dorval e, na entrada da área, deu início a uma série de chapéus. Julinho, Homero, Clóvis e por fim o goleiro Mão de Onça viram a bola passar por cima de suas cabeças e depois ser cabeceada para o gol, entre mais dois defensores, que se entreolharam sem nada poder fazer. Era a resposta de Pelé aos torcedores que lotavam o acanhado estádio de oito mil lugares. Na comemoração, como forma de desabafo, ele deu um soco no ar – gesto que passaria a repetir a cada gol marcado e que se tornaria sua marca registrada.

Nem o gol, nem o soco, nem qualquer outro acontecimento da vitória de 4 a 2 foi filmado. Existem apenas fotos do lance. Em 2006, a diretoria do Juventus encontrou outra forma de eternizá-lo: inaugurou na Rua Javari um busto de bronze de Pelé, em cerimônia que contou com a presença do homenageado.

## O Santos vive a Era Pelé – e entra para a história do futebol

Os gols mais bonitos da carreira foram apenas duas das muitas façanhas que Pelé realizou pelo Santos. O então bicampeão paulista tinha craques como Zito e Pepe quando recebeu o menino indicado por Waldemar de Brito, ex-jogador da seleção brasileira, que o descobrira no Baquinho, a versão infantil do Bauru

Atlético Clube. [Diz a lenda que as palavras de Waldemar na apresentação foram proféticas: "É esse que eu falei que será o maior jogador do mundo."] Mas o fato é que, a partir de 7 de setembro de 1956 – quando Pelé estreou e fez o sexto gol numa vitória de 7 a 1 sobre o Corinthians de Santo André – a história do Santos nunca mais foi a mesma.

Antes de sua chegada, o clube tinha três títulos do Campeonato Paulista; desde sua saída até hoje, foram mais quatro (ou seja, um total de sete títulos sem ele); com o camisa 10 em campo, foram dez. No período que ficou conhecido como a Era Pelé, o Santos estabeleceu um recorde de taças levantadas: foram 23, entre 1960 e 1969, nove delas em competições consecutivas, entre 1961 e 1963. Com o maior jogador de sua história, o Peixe saiu do litoral paulista para conquistar o país, com cinco Taças Brasil e um Torneio Roberto Gomes Pedrosa, antecessores do Campeonato Brasileiro; o continente, com duas Copas Libertadores da América; e o planeta, com duas Copas Intercontinentais (como então era chamado o Mundial Interclubes).

Os títulos internacionais de 1962-63 transformaram o Santos no primeiro time brasileiro com projeção mundial. O primeiro deles, o da Libertadores de 1962, foi conquistado num ano em que Pelé sofreu com lesões musculares. Na final, contra o Peñarol do Uruguai [treinado pelo húngaro Bela Gutman, um dos difusores do esquema 4-2-4 no Brasil, e comandado em campo por Pedro Rocha, que mais tarde faria sucesso no São Paulo], ele só pôde participar do terceiro jogo, o de desempate, no estádio Monumental de Nuñez, em Buenos Aires. Fez os dois últimos gols na vitória por 3 a 0. A classificação para a Copa Intercontinental dava a Pelé a chance de mostrar ao mundo – que não pudera vê-lo na Copa daquele ano – que o reinado iniciado na Suécia ainda estava longe de terminar. Em dois triunfos contra o Benfica de Eusébio [um moçambicano que jogava pela seleção portuguesa e era uma das sensações do futebol europeu], ele marcou cinco gols: dois nos 3 a 2 do Maracanã e três nos 5 a 2 no Estádio da Luz, em Lisboa.

Mas a atuação mais heroica de Pelé naqueles dois anos mágicos talvez tenha sido a que garantiu a conquista da Libertadores de 1962.

O Santos, que já tinha passado pelo Botafogo de Garrincha – o outro grande time brasileiro do início dos anos 1960 – nas semifinais, tinha pela frente o clube que desde então já começava a se afirmar como o mais vitorioso da América do Sul, o Boca Juniors. Pelé não marcou na vitória de 3 a 2 no Maracanã. Mas foi dele, mesmo caçado em campo pelos zagueiros adversários, o gol decisivo, a oito minutos do fim do jogo, marcando 2 a 1 na Bombonera. Foi a primeira derrota do Boca – que então contava com craques como Rattín e Sanfilippo – em seu estádio numa final de Libertadores, façanha só repetida uma vez até hoje.

Na final do Mundial daquele ano, contra o Milan, reapareceu um problema que afligia Pelé nos primeiros anos de sua carreira: uma lesão muscular no primeiro jogo (uma derrota de 4 a 2, em Milão, na qual ele marcou os dois gols) tirou-o das partidas decisivas, no Maracanã. O Santos mostrou então que tinha um grande time em torno do camisa 10. Seu substituto, o jovem Almir Pernambuquinho, recebeu o apoio de craques como Gilmar, Dorval, Coutinho, Mengálvio, Lima e Pepe para devolver – e de virada – os 4 a 2 sofridos na Itália e forçar a terceira e decisiva partida. E foi Almir quem sofreu o pênalti de Cesare Maldini, cobrado pelo lateral Dalmo, na vitória por 1 a 0 que encerrava o mais vitorioso ciclo da Era Pelé.

## "O senhor é o rei do futebol"

As lesões musculares foram um dos grandes adversários que Pelé teve de enfrentar, não apenas em decisões pelo Santos, mas também em momentos importantes pela seleção brasileira. Até hoje, muita gente discute por que ele não jogou as duas primeiras partidas da Copa do Mundo de 1958, na Suécia. Uma suspeita de racismo chegou a ser levantada, já que Garrincha, que era mestiço, também começou a Copa fora do time titular (mas Zito, que entrou com eles, é branco, o que não sustenta a tese). E durante muito tempo circulou a versão de que um grupo de jogadores, sob o comando de Nilton Santos, teria interpelado o técnico Vicente Feola para exigir as mudanças – só que a história foi negada mais tarde pelo próprio Nilton.

O que se sabe de concreto é que Pelé – que ainda estava sendo lançado no time do Santos e não era titular absoluto – levou uma pancada do zagueiro Ari Clemente no último amistoso da seleção antes do embarque para a Copa, contra o Corinthians, no Pacaembu. Os médicos chegaram até a recomendar que ele fosse cortado, mas Feola bancou a decisão. O treinador não queria convocar jogadores que atuavam na Europa, como Julinho Botelho e Evaristo de Macedo, por temer que eles demorassem a se entrosar com um grupo já formado, e preferiu esperar pela recuperação.

Quando Pelé, Garrincha e Zito estrearam contra a União Soviética, ainda pela primeira fase [num jogo que ganhou contornos decisivos depois de uma vitória sobre a Áustria e um empate sem gols contra a Inglaterra], o show foi de Garrincha, que entortou os marcadores e acabou com o temor de um tal futebol científico, com o qual os soviéticos se diziam capazes de anular a habilidade dos brasileiros. Foi no jogo seguinte, eliminatório, pelas quartas de final, contra a retrancada seleção do País de Gales, que Pelé ofereceu seu cartão de visitas ao futebol internacional: um gol que ainda hoje é considerado um dos mais bonitos de todas as Copas, com uma matada no peito, um chapéu sobre o zagueiro e um toque sutil na saída do goleiro – tudo isso num curto espaço de terreno, dentro da área do adversário – e que deu a vitória e a classificação ao Brasil.

Ele ainda faria mais cinco gols na vitoriosa campanha brasileira: três contra a França, pela semifinal, e dois contra a Suécia, na final, em duas vitórias pelo mesmo placar de 5 a 2. Diante da torcida sueca, no estádio Råsunda, em Estocolmo, repetiu, com um pouco mais de espaço, a jogada que fizera contra o País de Gales: matada no peito, chapéu, chute no canto. Parecia querer mostrar, agora para o mundo inteiro ver, que aquilo não era obra do acaso, mas de genialidade. E o mundo viu. Ainda no gramado, o príncipe Gustavo, que fazia as honras da casa entregando medalhas e a Taça Jules Rimet, teria sido o primeiro a lhe dar o título de nobreza que o acompanharia por toda a carreira: "O senhor é o rei do futebol", disse o soberano, ao apertar a mão do jovem camisa 10.

## O Rei ferido, o Rei caçado

Pelé chegou ao Chile para sua segunda Copa, em 1962, com apenas 21 anos – e já coroado. A imprensa francesa, que seria a primeira a elegê-lo o atleta do século em 1981, já o chamava de Rei do Futebol desde a edição anterior, na Suécia. O apelido se espalhou pela Europa, e o mundo do futebol se preparou para vê-lo brilhar de novo nos gramados chilenos. Mas essa expectativa durou apenas 117 minutos.

Depois de fazer o segundo gol do Brasil na difícil vitória de 2 a 0 sobre o México, na estreia, Pelé era o melhor em campo nos minutos iniciais da segunda partida, contra a Tchecoslováquia. Aos 27 minutos, recebeu um lançamento de Zito, matou no peito e chutou de fora da área. A bola bateu na trave e Pelé caiu no chão. Tinha sofrido uma distensão na coxa direita, com o movimento do chute. Ficou em campo até o fim, porque a regra do futebol ainda não permitia substituições. Nas poucas vezes em que recebeu a bola, os tchecos não se aproximavam para roubá-la, e foram os próprios adversários, ao ver que ele não conseguiria se manter de pé, que pediram e ampararam sua saída – com a deferência que se dedica a um soberano, em cenas que entraram para a história do futebol.

O Rei ferido viu das arquibancadas o Brasil conquistar o bicampeonato, com Amarildo em seu lugar e Garrincha comandando o time. Voltaria a jogar numa Copa quatro anos depois, na Inglaterra, para viver outra experiência dolorosa: a de ser caçado em campo. Imperava então o que mais tarde se chamaria de "futebol-força" – correria, marcação e botinadas, as respostas dos europeus a quase uma década de domínio brasileiro. Logo na estreia, contra a fraca Bulgária, Pelé levou uma forte pancada no joelho, numa das muitas faltas que sofreu. Foi sua última partida ao lado de Garrincha na seleção.

Cada um marcou um gol, de falta, na vitória por 2 a 0. Nas 40 vezes em que a dupla esteve em campo, a seleção jamais foi derrotada.

Com dores no joelho atingido, Pelé foi poupado do jogo seguinte, uma derrota por 3 a 1 para a Hungria. Quando voltou para a partida decisiva da primeira fase, contra Portugal, Garrincha tinha sido barrado pelo técnico Vicente Feola, assim como outros oito jogadores. Algumas das imagens mais marcantes dessa Copa, a primeira filmada em cores, mostram Pelé saindo de campo com o rosto contorcido de dor, vítima das pancadas dos zagueiros portugueses. Combalido, não conseguiu evitar a derrota, de novo por 3 a 1, e a eliminação – a única de suas quatro participações em Mundiais.

## Parando uma guerra e expulsando um juiz rumo ao tri

Apesar do fracasso na Inglaterra, Pelé continuou sua trajetória de mito. Um ano antes da Copa seguinte, já era tão famoso que – diz a lenda – parou uma guerra. Na verdade, facções rivais do que então era o Congo Belga e hoje é a República Democrática do Congo, na África, fizeram um acordo: para que pudesse chegar a Brazzaville, a delegação do Santos teria de passar por Kinshasa. Os soldados de uma região se comprometeram a escoltar os jogadores até a outra, desde que o time fizesse um amistoso em cada lugar. No ano anterior, em outra excursão – dessa vez pela América do Sul –, o anedotário do Rei ganhara uma de suas histórias mais saborosas: em amistoso na Colômbia, o juiz da partida o expulsou [equivocadamente, pensando que tinha sido ele, e não Abel, quem lhe dera um soco no meio de uma confusão]. A torcida, que lotara o estádio para ver Pelé, invadiu o campo e exigiu sua volta. Quem acabou expulso foi o árbitro, substituído para que a partida pudesse continuar.

Era esse Pelé – que parava guerras e expulsava árbitros – que todos queriam ver no México, sede da Copa da televisão, a primeira transmitida ao vivo e em cores para o mundo inteiro. E o Rei não perdeu a oportunidade de coroar sua carreira. Foi o camisa 10 de um time recheado de camisas 10 [além dele, Gérson, Jairzinho, Tostão e Rivellino usavam o número ou exerciam a função em seus clubes] e desfilou um repertório de gols e jogadas geniais.

Os gols que perdeu – contra a Inglaterra, numa cabeçada defendida milagrosamente por Gordon Banks; contra a Tchecoslováquia, num chute do meio do campo; e contra o Uruguai, driblando o goleiro sem tocar na bola – ficaram ainda mais famosos do que os que marcou, como o de cabeça na final contra a Itália. Seu prestígio já estava tão consolidado que até a cotovelada que deu no zagueiro uruguaio Fontes virou motivo de elogio pela malandragem [o juiz deu falta para o Brasil].

Pelé, o Rei do Futebol, o homem que já tinha passado dos mil gols, era agora também o único jogador tricampeão do mundo.

## O adeus e a aventura americana

Depois do tri, a ideia de abandonar a carreira começou a rondar a cabeça de Pelé. Ele sabia que a cobrança seria maior na Copa seguinte, na Alemanha, quando já teria 33 anos. Em 1971, tomou a decisão: usou a camisa amarela pela última vez como jogador profissional num amistoso contra a Iugoslávia, dia 18 de julho, no Maracanã, diante de 135.575 torcedores que gritavam "fica, fica!". A carreira por seu clube duraria um pouco mais. No dia 2 de outubro de 1974, aos 21 minutos do primeiro tempo de uma vitória de 2 a 0 sobre a Ponte Preta, o Rei se ajoelhou no meio do gramado da Vila Belmiro e abriu os braços. Chegava ao fim, com esse gesto emocionado, a Era Pelé, o período mais vitorioso da história do Santos e de qualquer clube brasileiro.

Mas o mundo ainda veria o maior jogador de todos os tempos nos gramados – às vezes artificiais – por mais três anos. Em 1975, ele se tornou o protagonista da maior transação da história do futebol até então, assinando um contrato de US$ 6 milhões com o Cosmos, o time da cidade de Nova York na recém-criada NASL [uma liga que queria difundir o futebol nos Estados Unidos]. Pelé fez gols incríveis, inclusive de bicicleta, cujas imagens rodaram o mundo. O Cosmos foi campeão com ele em 1977 e nas temporadas seguintes conquistaria mais três títulos, contando com outros craques, como o português Eusébio e o alemão Beckenbauer; já a NASL fecharia as portas em 1984, sem atingir seu objetivo.

No dia 1º de outubro de 1977, Pelé fez seu último jogo. O Cosmos venceu o Santos no Giants Stadium, em Nova York, e ele vestiu a camisa de um time em cada tempo. Fez seu último gol, ironicamente contra o Peixe. No discurso de despedida, disse: "Love! Love! Love!". O Rei aposentado ainda faria algumas partidas de exibição, uma delas pelo Flamengo, no Maracanã, em 1979, outra para comemorar seus 50 anos participando de um tempo numa derrota da seleção brasileira contra um combinado do resto do mundo. Mas foi pedindo amor ao planeta que o jogador de futebol mais amado de todos os tempos disse seu adeus.

Pelé e Zagallo
lado a lado
(abaixo, à direita)
na seleção: juntos
dentro e fora
de campo.

ENTREVISTA:
# ZAGALLO

"Era um jogador completo
e soube aproveitar esse dom.
Falam muito de Maradona,
mas não chega aos pés."

Mário Jorge Lobo Zagallo é sinônimo de Copa do Mundo. Foi ele o primeiro ser humano a erguer a taça dentro e fora de campo. Em 1958 e 1962, era um ponta-esquerda de estilo moderno, considerado até revolucionário na época, ajudando no meio de campo e abrindo caminho para o futebol brasileiro migrar do 4-2-4 para o 4-3-3. Em 1970, como treinador, também inovou taticamente, acomodando do meio para a frente cinco jogadores que usavam a camisa 10 e/ou exerciam a função em seus clubes. "Não precisávamos marcar sob pressão, porque o time tinha muita categoria", lembrou, ao longo desta entrevista. "Pegávamos os adversários no círculo central e saíamos em velocidade para o contra-ataque, e aí sobrava gente com bom toque de bola e capacidade de finalização."

Na maior parte de sua carreira como jogador, Zagallo defendeu o Botafogo, que teve duelos memoráveis com o Santos de Pelé nos anos 1960. Mas, se no clube tinha a dura tarefa de enfrentar o Rei do Futebol, na seleção esteve a seu lado em campo e fora dele. Em 1970, era Pelé o camisa 10 de sua seleção de camisas 10.

*Sua trajetória na seleção esteve sempre ligada a Pelé. Vocês se encontraram pela primeira vez justamente para vestir a camisa amarela?*
Eu e Pelé chegamos juntos à seleção brasileira. Fui convocado pela primeira vez para jogar a Copa de 1958, e ele também. O Pelé

O Rei é carregado em triunfo após o gol mil: "Cuidem das criancinhas".

não era conhecido pelos cariocas. Tinha jogado uma vez só no Maracanã. Mas pensei: "Se só estou sendo convocado agora, com 27 anos, e ele já está aqui, com 17, deve ser bom".

*E quando foi que pôde constatar que ele era bom mesmo?*
Isso foi acontecendo no dia a dia dos treinos. Minha primeira reação ao vê-lo em campo foi me perguntar: "Que crioulinho é esse?" Não dava para adivinhar que seria tudo o que foi, mas ele era diferente.

*Até hoje há grande controvérsia sobre o fato de Pelé não ter jogado as duas primeiras partidas na Suécia. Ele era titular?*
Pelé se machucou no Brasil. No último treino antes da viagem, eu estava num gol, e ele no outro. Ele não podia treinar na linha, porque já estava sentindo. E eu acabei cortando a mão como goleiro. Levei 13 pontos e pedi para ser dispensado, mas o doutor Hilton Gosling disse que era besteira. Cheguei à Itália para os amistosos de preparação com o braço na tipoia, mas na Suécia já estava bom e entrei na primeira partida. Ele demorou um pouco mais, mas quando ficou bom foi escalado.

*E o time mudou mesmo com a entrada de Pelé, Garrincha e Zito... Qual foi o impacto dessas substituições?*
No jogo contra a União Soviética, fiquei uns três minutos sem pegar na bola. As jogadas eram todas lá pela direita, entre o Pelé e o Garrincha. Os russos não entendiam nada, corriam de um lado para o outro. Eu olhava e pensava: "Sou um privilegiado. Estou vendo tudo isso de perto".

*Depois da Copa veio a dura realidade de ter Pelé como adversário. Como eram aqueles jogos entre Botafogo e Santos?*
Nosso time tinha Garrincha, Didi, Quarentinha, Amarildo. Foram grandes jogos contra o Santos. Mas o Pelé fazia a diferença. O Santos com ele tinha uma projeção fantástica.

*Como era ver o Pelé do outro lado do campo?*
A tranquilidade que eu tinha no círculo central, ele tinha na grande área. Era imbatível. Uma vez, num jogo do Botafogo contra o Santos, ele me viu dar um corte na bola antes da chegada de um zagueiro e parou para me elogiar: "Você é inteligente, hein?" Estava sempre observando o jogo, era muito esperto.

*Vocês voltaram a se encontrar na Copa de 1962, mas por pouco tempo. Como o time reagiu quando ele se machucou?*
Foi um baque muito grande. Era o melhor jogador do mundo, já com a experiência de uma Copa. Ele levou a vida normalmente, fazia tratamento todos os dias, mas nós já sabíamos que não ia voltar.

*Na Copa de 1970, mais uma experiência diferente: treinar Pelé. Dizia-se que seu antecessor, João Saldanha, queria cortá-lo sob a alegação de que ele estava cego. Como foi essa história tão polêmica?*
Quando assumi a seleção, eu soube o que tinha ocorrido. Na preleção de um jogo contra a Argentina, em Porto Alegre, o Saldanha mostrou o esquema tático num quadro negro. Quando perguntou se algum jogador queria falar, o Pelé disse que já sabia daquilo tudo e que o Fisher, que jogava no Botafogo, não era meia, como ele tinha escrito no quadro, e sim atacante. Foi depois disso que começou a história da cegueira. No nosso primeiro encontro, Pelé me disse: "Quero falar de um assunto sério. Você ouviu essa história do Saldanha? Não quero que faça uma sacanagem comigo". Eu respondi: "Crioulo, deixa isso para lá. É você e mais dez."

*E muitos desses dez eram camisas 10, mas Pelé foi o maior deles...*
Foi a melhor Copa dele. Nas outras, fez poucas partidas. Mas em 1970 se preparou para jogar a Copa toda; queria dar uma resposta a quem desconfiava dele. Por isso fez aquelas jogadas fantásticas. Notei isso no jogo contra a Tchecoslováquia. Quando o goleiro soltou a bola, percebi, do banco, que ele ajeitava o corpo. Pensei: "O que ele está fazendo?" A bola chegou e entendi: o cara tinha

visto o lance muito antes. Concluí na hora que ele estava querendo provar que não era cego.

*Por que Pelé virou Pelé?*
Era um jogador fora de série e soube aproveitar esse dom. Era completo. Falam muito do Maradona, mas não chega aos pés. O Maradona só tinha a perna esquerda. Pelé fazia gols de direita, de esquerda, de cabeça…

*E esse dom era desenvolvido nos treinamentos?*
Ele treinava como ninguém. Nunca deu chance para nada. Eu ouvia dizer que era mulherengo, mas isso foi sempre fora de campo, sem jamais atrapalhar a atividade profissional dele.

*Pelé costuma dizer que não vai haver outro Michelangelo, outro Pavarotti… nem outro Pelé. Concorda com ele?*
Ah, não vai ter mais… Fico pensando naquele gol que ele fez contra o Fluminense [o gol de placa]. É difícil imaginar alguém fazendo algo parecido hoje. Tive um privilégio muito grande de ter acompanhado a carreira do Pelé de várias formas: como colega de profissão, amigo e treinador.

CAPÍTULO 3

# Ademir da Guia

Filho de um craque,
batizado em homenagem
a outro, o camisa 10
celebrado em poesia e música
não fugiu a seu destino:
brilhar no futebol.

A simples menção do nome Ademir da Guia evoca o bordão – ou mais, o mantra – que acompanhou sua carreira: nome, sobrenome e futebol de craque. A definição de Armando Nogueira, camisa 10 dos jornalistas esportivos, é boa demais para não ser repetida. Filho de Domingos da Guia, o primeiro grande zagueiro brasileiro e para muitos o maior que já houve, Ademir foi batizado em homenagem a um grande amigo da família, o centroavante Ademir de Menezes, artilheiro da Copa do Mundo de 1950. Herdou do pai os movimentos suaves, que o faziam parecer lento, mas quando entrava na área tinha a precisão dos chutes do padrinho.

Foi esse estilo que inspirou o poeta João Cabral de Melo Neto a escrever um poema batizado com o nome e o sobrenome do craque cujo futebol ele admirava: "Ademir impõe com seu jogo o ritmo do chumbo (e o peso) da lesma, da câmara lenta, do homem dentro do pesadelo. Ritmo líquido se infiltrando no adversário, grosso, de dentro, impondo-lhe o que ele deseja, mandando nele, apodrecendo-o. Ritmo morno, de andar na areia, de água doente de alagados, entorpecendo e então atando o mais irrequieto adversário."

E é pelo caminho da poesia que Ademir – tema também da música "O filho do Divino", de Arnaud Rodrigues, gravada por Moacyr Franco ["Obrigado, Domingos, pois que deste ao mundo um filho Divino, dez de ouro de lei do quilate mais fino…"] – entra nesta seleção. Se fosse levada em conta apenas a frieza do aspecto tático, ele bem que poderia ser considerado um camisa 8, embora jogasse mais pela esquerda. Passou a maior parte da carreira formando a segunda linha de times armados no 4-2-4, a mais famosa delas com Dudu, num Palmeiras que ficou conhecido como Academia do Futebol. Mas seu estilo desafiava os esquemas. Entrava na área pelos dois lados, fazia gols, ditava o ritmo do jogo. Comandava as ações de um jeito diferente de outros mestres do meio de campo, como

Gérson – com quem disputava vaga na seleção – e Didi. Enquanto estes preferiam armar o jogo de trás, com cadência e precisão nos lançamentos, Ademir da Guia andava com seu ritmo morno de água de alagados também na faixa de terreno reservada à camisa 10 – que ele sempre envergou.

## O começo no Bangu, a casa dos da Guia

O sobrenome da Guia, mais do que um achado para o bordão do Mestre Armando, era praticamente um destino. Domingos foi ídolo no Flamengo, atingiu projeção internacional, disputou as Copas de 1934 e 1938 e foi campeão na Argentina e no Uruguai. Mas – como costuma acontecer nas dinastias do futebol –, não era considerado o melhor jogador da família. Segundo se dizia, craque mesmo era Luís Antônio, o mais velho, também zagueiro, impedido pelo preconceito racial que ainda imperava no futebol brasileiro no início do século de fazer carreira fora do Bangu. Os do meio também jogaram bola: Ladislau [o maior artilheiro da história do Bangu, com 215 gols], na meia-direita, e Médio, na lateral-esquerda, foram companheiros do irmão mais novo, famoso no Flamengo em 1936. E Neném, irmão de Ademir, teve uma carreira – como volante – abreviada por uma lesão no tornozelo.

Ademir não sentiu de imediato o chamado do DNA. Começou a vida esportiva como nadador do Bangu, o clube onde todos os da Guia entraram no futebol. Chegou a disputar um campeonato nacional antes de descobrir que sua verdadeira vocação era mesmo a da família. Passou pelo Céres, um time do bairro, e logo chegou às categorias de base do Bangu. Quando tinha 17 anos, seu pai decidiu levá-lo a São Paulo para fazer um teste no Corinthians. No meio do caminho, mudou de ideia: desviou para Santos, onde tinha um conhecido. Ademir foi aprovado e poderia ter sido juvenil do time de Pelé, Zito, Pepe e outros craques. Mas voltou ao Rio para passar o carnaval e logo depois surgiu um convite duplo do Bangu: ele seria jogador do time juvenil, e Domingos técnico do infantil. Juntos, ganhariam menos do que o Peixe propusera a Ademir. Mas as raízes suburbanas falaram mais alto.

A passagem pelo clube das origens familiares foi rápida e intensa. Ademir chegou a fazer um teste na zaga, pelo motivo óbvio de ser filho de Domingos, mas logo passou para o meio de campo. Foi campeão carioca juvenil em 1959 e não demorou a ganhar uma vaga entre os titulares. Fez seu primeiro gol, de cabeça – o que seria uma raridade em sua carreira –, numa goleada de 5 a 1 sobre o Flamengo. Em 1961, participando de uma excursão ao exterior, soube pelos jornais que o Barcelona tinha mostrado interesse em contratá-lo. Mas o Bangu não parecia tão impressionado com a jovem revelação: na volta ao Brasil, Ademir foi negociado com o Palmeiras, e o presidente publicou na ata, em alusão a um sistema de transporte muito criticado na época, que o time tinha vendido um bonde [expressão que se tornou corriqueira no futebol].

Por indicação de Armando Renganeschi, um amigo de Domingos da Guia que o vira em ação quando dirigia o Guarani e agora era o treinador do Palmeiras, o garoto que deveria ter feito um teste no Corinthians e poderia ter começado a carreira no Santos finalmente chegou a São Paulo, por um caminho completamente diferente.

## Nome e sobrenome chegam ao Palmeiras, e o futebol logo se apresenta

Ademir da Guia – já então conhecido por nome e sobrenome, mas ainda longe de ser reconhecido pelo futebol de craque – chegou ao Palmeiras numa época de fartura. O time da colônia italiana em São Paulo tinha descoberto o milionário filão de vender jogadores (muitas vezes *oriundi*) para os grandes clubes da Itália. As somas eram tão vultosas para o futebol brasileiro que com o lucro de uma venda era possível comprar reforços às pencas. Foi assim, por exemplo, com Mazzola, que começara a Copa de 1958 como titular e só foi conhecido como Altafini no país de seus antepassados. Com o lucro dessa negociação, foi montado o time campeão paulista de 1959. Quando Ademir chegou ao Palestra Itália, foi se juntar a craques como Valdir de Morais, Djalma Santos, Julinho Botelho e Vavá.

E esse foi justamente o problema no início: era muita gente boa disputando lugar no time. Ademir fez apenas um amistoso em 1961, usando a camisa 5 num time misto, contra a Associação Esportiva Promeca. E só começou a brigar por uma vaga – com Hélio Burini – quando Chinesinho foi convocado para a seleção brasileira que começava os preparativos para a Copa do Mundo de 1962. Foi o ano das primeiras vezes: usou a 10 em outro amistoso, vencendo o Paulista (4 a 2) em Santa Bárbara d'Oeste; fez um gol numa derrota para a Inter de Limeira (também por 4 a 2), pela Taça São Paulo, um torneio que não era disputado pelos times principais; e finalmente entrou em campo num jogo oficial, goleando o Taubaté (5 a 1) pelo Campeonato Paulista.

A epopeia de estreias terminou em julho. Chinesinho, cortado da seleção que foi ao Chile, voltou e esfriou a briga por sua posição. No fim do ano, foi vendido para o futebol italiano – o que, embora parecesse bom para Ademir num primeiro momento, acabou provocando um processo parecido com o da venda de Mazzola, com muitos jogadores chegando e aumentando a disputa. O garoto que viera do Bangu sob grande expectativa só se firmaria como titular no segundo turno do Campeonato Paulista de 1963. Atuou em 36 partidas, marcou sete gols e ajudou a conquistar um título que impediu o tetracampeonato do Santos.

## O Divino na Academia do Futebol

O time de 1963 começou a formar a base do que seria chamado pelos torcedores de Academia do Futebol. Mas foi no ano seguinte que mais uma contratação – propiciada dessa vez pela venda de Vavá ao futebol mexicano – deu cara nova ao meio de campo do Palmeiras e mudou a forma de jogar de Ademir. Da Ferroviária de Araraquara chegava Dudu, um volante combativo e com forte espírito de liderança. Sua capacidade de marcação permitia que o companheiro na linha de dois do 4-2-4 subisse ao ataque com mais confiança, exercendo cada vez mais a função de camisa 10.

Aproveitando-se dessa liberdade, Ademir da Guia marcou naquele ano o gol mais bonito de sua carreira. Foi numa goleada de 4 a 1 sobre a Prudentina. Ele recebeu a bola na entrada da área, matou no peito, driblou dois zagueiros, passou pelo goleiro e perdeu o ângulo para o chute. De cabeça em pé, bem ao seu estilo, pensou em cruzar, mas ao voltar em direção à área percebeu que poderia tocar por cobertura, direto para o gol. A combinação de habilidade, reflexos rápidos e lucidez foi aplaudida por cinco minutos, de pé, pela torcida do Palmeiras.

No início de 1965, depois de uma goleada de 5 a 0 sobre o Internacional, num amistoso em Porto Alegre, os jornais gaúchos fizeram o que seria praxe na imprensa brasileira pelos anos seguintes: reconheceram que o grande Domingos da Guia tinha um herdeiro digno de seu talento. Ademir, chamado de filho de peixe no Sul, ganhou de Djalma Santos, seu companheiro de Academia, um apelido alusivo ao pai: se Domingos era o Divino Mestre, para Djalma – e depois para o futebol brasileiro – ele seria simplesmente o Divino.

E sua maestria continuou chamando a atenção ao longo daquele ano. Num jogo pelo Torneio Rio-São Paulo, no Pacaembu, protagonizou um lance incomum para uma época bem anterior aos videogames, em que o futebol não era jogado para as câmeras, e sim para o gol: de improviso, botou o pé sob a bola e levantou-a para Dario emendar e marcar na goleada de 3 a 0 sobre o Botafogo. Descrito assim, parece simples. E foi justamente isso o que chamou a atenção. Parecia uma jogada de treino no meio de um jogo oficial – parte da conquista do torneio daquele ano, com atuações tão exuberantes no Maracanã que levaram a imprensa carioca a batizar o estádio de Recreio dos Periquitos.

## "Sou lento, mas não vou mudar"

A consagração nacional – embora a Academia, no âmbito local, não tivesse conseguido superar o Santos de Pelé, que a relegou ao vice-campeonato em 1964-65 – fez de Ademir da Guia um candidato natural à seleção brasileira. Era consenso que a busca do tricampeonato em 1966 tinha de passar por uma renovação. O bi fora conquistado por um time com média de idade na casa dos 30 anos. E jogadores fundamentais, como Didi, Vavá e Zagallo, não estariam na Inglaterra.

Ademir chegou à seleção da mesma forma que se consagrou no Palmeiras: ao lado de Dudu. Formou com ele a linha média em três amistosos (vitórias sobre Bélgica e Alemanha e empate com a Argentina) no Maracanã, deixando Gérson no banco de reservas. A disputa entre dois craques por uma vaga no time chegou à imprensa. Os jornais cariocas faziam campanha pela escalação do jogador do Botafogo, companheiro de Garrincha num dos grandes times brasileiros da década de 1960. Os paulistas defendiam, um pouco mais timidamente, a manutenção da dupla que fazia sucesso no Palmeiras. No jogo seguinte, já numa excursão que passou por África e Europa, o técnico Vicente Feola fez a substituição aos 20 minutos do primeiro tempo, embora o Brasil estivesse vencendo a Argélia por 3 a 0. E voltou a fazê-la no intervalo do jogo seguinte, contra Portugal. Gérson entrou no lugar de Ademir e não saiu mais. Foi titular em 1966 e campeão em 1970, ocupando uma faixa mais recuada de terreno num time recheado de camisas 10. Dudu ainda estaria na lista de 44 jogadores que fizeram o confuso período de preparação para a Copa da Inglaterra. Seu companheiro de time só voltaria a ser convocado nove anos depois.

A saída da seleção fez crescer um debate em torno do estilo de jogo de Ademir: havia uma corrente de jornalistas e torcedores que defendia que seu futebol era lento. A primeira reação do craque foi se defender. "Sou lento, mas não vou mudar. Faz parte da minha natureza. Gostaria de correr mais, mas não consigo. O meu estilo de jogo sempre será este. Joguei no Bangu, fui contratado pelo Palmeiras e cheguei à seleção. Por que mudaria?", disse, em depoimento reproduzido no livro *Divino*, de Kleber Mazziero de Souza.

## Os anos de camisa 10

O curioso é que Ademir mudou – se não de estilo, pelo menos de função em campo. No ano da Copa da Inglaterra, o Palmeiras conquistou o Campeonato Paulista, voltando a tirar a taça das mãos do Santos de Pelé depois de dois vice-campeonatos. O camisa 10 do time campeão foi eleito o melhor jogador da competição atuando em muitas partidas como o terceiro homem do meio de campo de um 4-3-3, ou seja, na posição clássica dos personagens deste livro.

A mudança foi ideia do técnico Fleitas Solich, que se inspirou numa mudança tática que Aymoré Moreira levou do Flamengo para o São Paulo, escalando o ponta-esquerda Fefeu como terceiro homem do meio de campo. O Corinthians também tinha o seu trio, com Dino Sani, Nair e um jovem que chegara ao time no ano anterior: Rivellino. Além de Dudu, agora Ademir tinha a companhia de Suingue no setor. E estava mais livre do que nunca para chegar à área, dar passes para os companheiros e fazer gols. Foram sete em todo o campeonato.

Desmontado temporariamente por outro técnico, Mário Travaglini – que resgatou o 4-2-4 com Dudu e Ademir na segunda linha –, o 4-3-3 voltou a ser utilizado pelo Palmeiras na conquista do Torneio Roberto Gomes Pedrosa de 1967, num quadrangular final que tinha o Corinthians de Rivellino e a dupla Gre-Nal. O título abriu caminho para que a Academia chegasse à final da Libertadores, proeza até então alcançada apenas por Pelé e seu Santos.

Depois de uma semifinal marcada por brigas contra o Peñarol, do Uruguai, foi preciso enfrentar, com muitos desfalques, o Estudiantes de La Plata, da Argentina. Era outro adversário duro, que tinha fama de levar para o campo o apelido de Pincha [o ato de picar ou beliscar], ferindo os adversários com alfinetes. Ademir sempre disse que não foi alvejado, e que a decisão se deu mesmo no campo: cada time venceu em casa e o Estudiantes levou o título na partida de desempate, em Montevidéu.

O esforço dedicado à competição continental se refletiu no Campeonato Paulista. O Palmeiras, que desde a chegada de Ademir alternava a conquista de títulos com o Santos, quase foi rebaixado. A Academia, um dos grandes times do país nos anos 1960, terminava a década em xeque. E seu maior craque também: com o contrato prestes a vencer, foi barrado pelo técnico Rubens Minelli em meio à disputa do Torneio Roberto Gomes Pedrosa, ainda em 1969. Assinou, voltou e marcou dois gols na vitória de 3 a 1 sobre o Botafogo – que valeria o título, depois dos empates contra Corinthians e Botafogo no quadrangular final.

Ademir tinha dado mais uma volta por cima. Mas ainda precisaria dar outras.

## Sem lugar entre os 10 de 1970

Quando a seleção brasileira que conquistaria o tricampeonato em 1970 começou a ser formada, havia no país uma profusão de camisas 10 [alguns exercendo de fato a função, outros comandando seus times em outras posições, mas envergando o número às costas]. O técnico Zagallo encontrou lugar para muitos deles no time titular que foi ao México – mas Ademir da Guia ficou fora mais uma vez. Além dos debates sobre sua lentidão, dizia-se do 10 do Palmeiras que não conseguiria se adaptar a um esquema com muitos craques à sua volta. O senso comum era de que Ademir precisava de um time construído em função dele.

Foi nesse clima de desconfiança que começou a década de 1970 para um dos maiores jogadores brasileiros dos anos 1960. No Palmeiras, ele sobreviveu ao fim de uma era. O dirigente José Gimenez

Lopes optou por uma solução radical para o que se considerava o fracasso da Academia do Futebol em 1968: mandou quase todo mundo embora. Ficaram Ademir e Dudu, que por seis anos tinham formado a espinha dorsal do time; além deles, Baldocchi, Minuca... e só. Aos poucos, chegariam jogadores de uma nova geração, como Leão, Luís Pereira e Leivinha, para um projeto de reconstrução.

E o começo, bem típico dos projetos de reconstrução, seria difícil. O Palmeiras foi vice-campeão paulista em 1970. Perdeu o título para o São Paulo, que então tinha Gérson – o mesmo que barrara Ademir da Guia na seleção desde 1965 para ser campeão no México naquele ano – e o uruguaio Pedro Rocha. Parecia estar em curso uma troca de guarda. Enquanto o Corinthians não se livrava do jejum de títulos que chegaria a 23 anos, o Tricolor, que durante os anos 1960 se afundara em dívidas por causa da construção do Morumbi, agora se candidatava a tirar a exclusividade de santistas e palmeirenses, os únicos campeões da década.

O São Paulo ficou ainda mais atravessado na garganta do Palmeiras em 1971. Os dois times se enfrentaram na última rodada. O Tricolor, com um ponto a mais, precisava apenas de um empate para conquistar o bicampeonato e saiu na frente com um gol de Toninho Guerreiro. No segundo tempo, Leivinha marcou o que seria o gol do empate, mas o árbitro Armando Marques invalidou. O jogo terminou – com o 1 a 0 mantido no placar –, mas a discussão permanece até hoje: os palmeirenses juram que seu centroavante tocou a bola de cabeça, e não com a mão, como alegou Armando, e que a anulação esfriou uma reação que poderia ter levado o time à virada e ao título.

O que valeu foi a marcação do sempre polêmico juiz. E o Palmeiras continuava sem conquistar o Campeonato Paulista desde 1966. Seria o fim da Academia?

# O ressurgimento na Segunda Academia

As dúvidas sobre a nova geração que crescia no Palmeiras sob o comando de Ademir da Guia começaram a ser dissipadas em 1972. Leão, Luís Pereira, Leivinha e Cesar já eram titulares de um time que começaria a dar frutos com a conquista do Campeonato Paulista – e o rival na partida decisiva parecia ter sido escolhido a dedo: o São Paulo. Não houve gol de Leivinha para vingar o que fora anulado no ano anterior, nem de ninguém. O placar ficou num 0 a 0 marcado por um drama: Dudu saiu ainda no primeiro tempo, com duas costelas quebradas. Para suprir sua ausência, Ademir da Guia foi ao mesmo tempo o camisa 10 e o camisa 5 da equipe. Não deixou de armar o jogo, mas dedicou-se ao combate no meio de campo e à proteção aos zagueiros. Parecia inspirado pelo futebol do pai – que nunca vira jogar.

Dessa vez, a vantagem do empate era do Palmeiras. E foi o que bastou para conquistar o primeiro título de uma equipe que viria a ser conhecida como a Segunda Academia. A confirmação do potencial veio no Campeonato Brasileiro daquele ano – o segundo disputado com esse nome. Ademir e seus novos pupilos precisaram vencer os dois últimos jogos da segunda fase, disputada em grupos de quatro, para eliminar o São Paulo – de novo o São Paulo – e garantir vaga na semifinal com a melhor campanha, o que fazia com que dois empates bastassem para assegurar o título.

E eles vieram, mas não sem sofrimento. Na semifinal, no Pacaembu, o Internacional saiu na frente. O gol da classificação só foi marcado aos 24 minutos do segundo tempo, quando o goleiro Schneider rebateu um chute de Ademir e Nei aproveitou para empatar. A final seria contra o Botafogo, que tinha os tricampeões mundiais Brito e Jairzinho. E o roteiro da final do Paulista quase se repetiu: Dudu se machucara na partida contra o Inter, mas dessa vez entrou em campo; só a partir dos 20 minutos do segundo tempo, quando teve de sair, é que Ademir da Guia precisou impor seu ritmo morno de andar na areia para garantir o placar de 0 a 0 e a taça.

O sucesso da nova Academia seria posto em dúvida no início do ano seguinte, com uma campanha ruim no Campeonato Paulista e a eliminação para o próprio Botafogo na Taça Libertadores – com Armando Marques, dessa vez atuando de bandeirinha, anulando mais um gol que os palmeirenses consideraram legítimo, ao marcar impedimento de Ademir num lance que evitaria a derrota por 2 a 1. Mas a temporada de 1973 terminaria com o bicampeonato brasileiro.

No quadrangular final, duas vitórias [1 a 0 sobre o Cruzeiro e 2 a 1 contra o Internacional] deram ao Palmeiras a vantagem do empate na partida decisiva contra – adivinha quem? – o São Paulo. Mais uma vez, Ademir alternou funções. Ajudou Dudu na marcação e chegou a rasgar a chuteira do lateral uruguaio Forlán, que vinha maltratando o ponta Nei com suas botinadas. E conduziu o jogo no ataque quando foi preciso diminuir o ritmo e assegurar mais um 0 a 0 campeão.

## Frustração de 1974 encerra a passagem pela seleção

Ademir da Guia chegou a 1974, o ano da Copa do Mundo da Alemanha, consagrado como o craque de duas Academias. Em 1971, Zagallo, o técnico que o deixara fora da lista do tricampeonato no ano anterior, tecera-lhe rasgados elogios após uma vitória sobre o Fluminense: "Quem venceu não foi o Palmeiras, foi Ademir". Em 1972, sua liderança na conquista do Brasileiro valeu-lhe a Bola de Ouro, tradicional prêmio da revista *Placar*. Seu estilo já não era visto sob o preconceito da lentidão: apesar de já ter passado dos 30 anos, o trabalho que desenvolvia com o preparador físico Hélio Maffia deu a ele a melhor forma física de sua carreira. Os números impressionavam até os companheiros: seu coração batia 44 vezes por minuto em repouso.

E bateu mais depressa no dia 31 de março de 1974, quando Ademir voltou a vestir a camisa da seleção brasileira, num amistoso contra o México. Formou a linha de dois do 4-2-4, ao lado de Carbone, com Rivellino (que vinha exercendo a função) mais adiantado, na meia-esquerda. Foi mantido na partida seguinte, contra a Tchecoslováquia, mas logo depois voltou à reserva. No período de preparação para a busca do tetra na Alemanha só entraria em campo, no lugar de Rivellino, no último amistoso, contra a seleção da Basileia. Foi convocado para a Copa – o que torcedores e jornalistas esperaram em vão que acontecesse nas duas edições anteriores –, mas sequer ficou no banco até a última partida.

A decisão do terceiro lugar, contra a Polônia, marcou a frustrante despedida do Brasil, sem o sonhado tetra, da Copa de 1974 – e também o adeus de Ademir da Guia à seleção. Acostumado à rotina dos barrados, Ademir terminou o almoço e foi pegar uma fruta para comer durante o jogo. Era o que faziam sempre os jogadores que não eram relacionados para o time titular nem para o banco [em que, na época, sentavam-se apenas cinco reservas]. Foi justamente nessa hora que ouviu do preparador físico Admildo Chirol que tinha sido escalado para jogar no lugar de Paulo César Caju, que estava machucado.

Surpreso, sem ritmo de jogo (tinha passado todo o período de preparação e a Copa na reserva) e despreparado (depois do almoço, repetiu a sobremesa, convicto de que não jogaria), Ademir entrou em campo. Durante o primeiro tempo, sofreu os efeitos de tudo isso, mas considerou boa sua atuação. Aos 15 minutos do segundo, viu a placa com o número 18 subir à beira do campo e Mirandinha se aquecendo para entrar. Era o fim de sua nona partida oficial pela seleção brasileira – que seria também, ele ainda não sabia, a última.

Zagallo explicou a substituição aos jornalistas dizendo que Ademir pedira para sair durante o intervalo, alegando sentir-se cansado. O jogador, mais tarde, revelaria que a única declaração que deu ao treinador no vestiário foi a de que gostaria de estar melhor para aquela partida. Mas, na volta ao Brasil, sustentou a versão do cansaço e evitou uma polêmica maior.

## Mais um título antes do adeus

Pouco depois da Copa de 1974, Ademir da Guia enfrentaria Cruyff e Neeskens, astros do time da Holanda que encantara o mundo na Alemanha. Foi num jogo do Palmeiras contra o Barcelona [treinado por Rinus Michels, que também foi o técnico daquela seleção e inventou o sistema que ficou conhecido no Brasil como carrossel holandês] pelo Troféu Ramón de Carranza. Ademir sofreu um pênalti que Leivinha bateu para fazer o primeiro gol e começou um contra-ataque que terminaria no segundo, marcado por Ronaldo. Com mais uma vitória, sobre o Espanyol, a Segunda Academia conquistou o título e voltou ao Brasil para retomar a disputa do Campeonato Paulista.

A final foi contra o Corinthians de Rivellino – mais um dos camisas 10 que ocuparam o espaço nunca dado a Ademir na seleção. Na segunda e decisiva partida, depois de um empate em 1 a 1 na primeira, o Morumbi estava lotado pelos corintianos, que já viam o jejum de títulos do clube chegar a 20 anos e queriam acabar de vez com essa história. Mas o que viram, mais uma vez, foi um jogo ditado pelo ritmo do chumbo de Ademir da Guia. Foi ele o líder da vitória por 1 a 0, com um gol de Ronaldo aos 24 minutos do segundo tempo.

A frustração na Copa de 1974 tinha ficado para trás. E a trajetória vitoriosa de Ademir parecia destinada a seguir adiante: no ano seguinte, embora o Palmeiras não tenha conquistado os títulos paulista e brasileiro, ele voltou a encantar os europeus em sua terceira conquista no Ramón de Carranza, um dos torneios de verão mais importantes do continente. Mas foi no verão brasileiro, sob o calor sufocante de Manaus, que começou a surgir o problema que abreviaria o fim de sua carreira: durante um amistoso, Ademir sentiu os sintomas de uma misteriosa crise respiratória.

Ele ainda disputaria o Campeonato Paulista de 1976. Seu velho companheiro, Dudu, começara o ano como auxiliar e ao fim do primeiro turno assumiu o lugar de Dino Sani como técnico de um time que já não tinha vários jogadores da Segunda Academia, como Leivinha e Luís Pereira (negociados com o Atlético de Madrid), Eurico,

Alfredo, Zeca e Cesar. Restavam Leão, Edu, Nei... e Ademir, já um veterano de 34 anos. Ninguém esperava o que – como é comum no futebol – acabou acontecendo: Dudu não perdeu uma só partida como treinador; Ademir mostrou uma forma física exuberante, foi o vice-artilheiro do Palmeiras e eleito o melhor jogador da competição; e jovens como Pires e Jorge Mendonça conseguiram substituir os medalhões e formar uma equipe forte, que acabou conquistando o título.

A vitória animou Ademir a renovar o contrato, alugando o passe ao Palmeiras. Ele sequer pensava em parar – até o dia 4 de agosto de 1977, quando a crise respiratória que o acometera em Manaus voltou, dessa vez debaixo de frio e chuva. O episódio, que não tinha se repetido desde então, passou a ser recorrente, até mesmo em treinos. Nem uma cirurgia no nariz resolveu o problema.

A carreira de Ademir da Guia durou pouco mais de um mês depois da segunda crise. Sua última partida oficial foi contra o Corinthians, no dia 18 de setembro de 1977. Percebendo que o problema não tinha sido resolvido, voltou a operar o nariz e ficou seis anos sem entrar num campo de futebol. Só conseguiu superar o receio quando os ex-companheiros Cesar e Luís Pereira organizaram uma despedida para ele, em 22 de janeiro de 1984. Vestiu a camisa do Palmeiras pela última vez, num amistoso contra os Amigos de Ademir. Aos 35 minutos do primeiro tempo, botou a bola debaixo do braço e deu a volta olímpica, aplaudido por 11.736 torcedores – entre eles seu pai, Domingos da Guia.

O problema respiratório foi embora como chegou: sem dar explicações. Muito tempo depois de parar de jogar, Ademir simplesmente deixou de ter crises. Com a carreira encerrada, o camisa 10 que já inspirara poema e música enquanto ainda estava em atividade virou filme, livro e estátua. Ademir da Guia, que deixou em campo a lembrança de seu futebol com o peso do chumbo, tem sua imagem esculpida com o peso do bronze no Palestra Itália – e na história do Palmeiras.

## ENTREVISTA:
# LEÃO

"Um maestro silencioso.
Em termos de coordenação
e destreza, não teve outro
melhor."

O Palmeiras do fim dos anos 1960, que viria a ser conhecido como a Segunda Academia, deu razão a um antiquíssimo ditado do futebol: "um grande time começa por um grande goleiro". O processo de renovação que desmontaria a Academia original trazia, entre os muitos novos contratados, Emerson Leão. Vinha do interior paulista, onde se revelara no Comercial de Ribeirão Preto e no São José. Um ano depois de se firmar como titular, ele já estava no México com a seleção brasileira – na primeira de suas quatro Copas do Mundo.

Conhecido também pela pinta de galã – suas pernas foram estampadas em *outdoors*, numa propaganda de cuecas que ficou famosa – e pelo temperamento forte, Leão esteve ao lado de Ademir nas grandes conquistas do Palmeiras nos anos 1970, como o bicampeonato brasileiro. Era um dos líderes de um time que, como você vai ver nesta entrevista, tinha um camisa 10 que preferia comandar pelo talento. Na temporada seguinte à despedida de Ademir, com a Segunda Academia já desfigurada, Leão transferiu-se para o Vasco. Passou ainda por Grêmio e Corinthians antes de voltar às origens, em 1984.

Três anos depois, o Sport Recife seria seu último clube – e o primeiro na nova carreira que abraçaria, a de treinador. Estreou conquistando o título do Módulo Amarelo do Campeonato Brasileiro. Como os times do Módulo Verde (a Copa União) não aceitaram participar de um quadrangular final, a CBF reconheceu o Sport, que bateu

OS 11 MAIORES CAMISAS 10 DO FUTEBOL BRASILEIRO

o Guarani na decisão, como campeão nacional. Voltaria a levantar a taça em 2002, com um time do Santos em que despontavam jovens talentos como Diego e Robinho. Também teve passagens pelo Japão e pela seleção brasileira – nas Eliminatórias para o Mundial de 2002 e na Copa das Confederações.

Até o momento em que este livro era escrito, o mesmo Sport que o lançara tinha sido o último clube dirigido por esse treinador que ganhou fama também pelas entrevistas polêmicas. Nesta aqui, ele se mostra carinhoso com um grande companheiro.

*Você chegou muito jovem ao Palmeiras. Como foi entrar num time que tinha Ademir da Guia? Deu tempo de observá-lo antes de jogar com ele?*
Cheguei em 1969, quando o clube estava desfazendo a primeira Academia do Futebol para começar a segunda. Mas não tive muito

Leão com a camisa da seleção: "Ademir era o maestro da Academia."

tempo de ver o Ademir de fora do campo. Naquela época era diferente. O Palmeiras me levou para um teste de três meses. Tinha 19 anos e já era profissional de futebol desde os 14, com contrato assinado e tudo. Quando vi, já tinha sido aprovado e estava jogando com ele.

*De uma Academia para a outra, o líder sempre foi o Ademir?*
Líder não, destaque sim. Ele era um maestro silencioso. Tinha uma capacidade de observação muito grande, mas não era afeito a comandar, embora às vezes fosse o capitão do time.

*E como ele exercia a função de capitão?*
Era uma coisa mais simbólica, uma homenagem à técnica dele. Em termos de coordenação e destreza, não teve outro melhor.

*Já houve quem dissesse que nesse sentido nem Pelé era tão bom quanto ele…*
É claro que no aspecto geral o Pelé era melhor, como sempre foi melhor do que todo mundo. Mas nesses itens o Ademir era capaz de superar qualquer um, até ele.

*Por que ele não conseguiu um lugar na seleção ao lado de Pelé?*
O Ademir era um jogador de personalidade muito definida. Ele não gostava de competição. Mantinha a serenidade, ganhando de três ou perdendo de três. Foi a seleção que não se adaptou a ele.

*Ademir alguma vez chegou a demonstrar frustração por não ter tido uma carreira maior com a camisa amarela?*
Nunca. Ele não ligava para seleção. Já pediu dispensa de seleção paulista, ia para lugares onde era difícil encontrá-lo quando chegava a época de convocações… O Ademir nunca se preocupou com isso. Também não era do tipo que gostava de aparecer na mídia. Tratava bem os jornalistas, mas sem o menor interesse.

O jovem Ademir no Bangu, o clube onde os da Guia começavam.

*A grande oferta de talentos na posição dele naquela época também pesou contra, na hora das convocações para a seleção?*
O Ademir se firmaria em qualquer parte do mundo, em qualquer época. Se for convocada uma seleção dos últimos cem anos do futebol, ele tem que entrar. Se for dos próximos cem anos, também. Pelo menos se eu for o técnico...

*O Ademir era criticado por ser lento. Você discorda?*
Ele parecia lento. Mas tinha uma passada larga, com uma coordenação perfeita. Por isso, sempre chegava na bola antes.

*E como era o Ademir no dia a dia?*
Era um homem silencioso. Fazia seu papel, sem interferir na vida de ninguém. Sempre foi um profissional do futebol, e não apenas um jogador de futebol. Chegava antes da hora para os treinos e para qualquer compromisso. E sempre se dedicava ao máximo. O que mais chamava a atenção era a capacidade de concentração que ele tinha. Podia acontecer qualquer coisa que o Ademir mantinha o humor, a coordenação e os batimentos cardíacos inalterados.

*Dizem que o coração dele em repouso batia 44 vezes por minuto, contra 60 de uma pessoa bem preparada fisicamente...*
Acho que esse número aí está alto! (risos)

*Fora de campo, então, é fácil concluir que ele mantinha essa postura, certo?*
A gente nunca sabia quando o contrato do Ademir estava para vencer, quando ele tinha renovado, e muito menos quanto ele ganhava. Ele sempre foi muito discreto. Agora está até um pouco mais falante, porque se elegeu vereador.

*E era, como se pode perceber pelo seu depoimento, muito querido...*
Não tem como não gostar de um cara desses. A Academia começava pelo Ademir, porque ele era o maestro.

Arquivo/Agência O Globo

CAPÍTULO 4

# RIVELLINO

O Roberto do futebol de salão virou Maloca na várzea antes de se consagrar como o Reizinho do Parque do Corinthians, o Bigode do Fluminense, e o Patada Atômica da seleção.

Pode até ter sido uma provocação a Pelé. Mas a declaração de amor que Diego Armando Maradona, um dos maiores camisas 10 do mundo em todos os tempos, fez a Roberto Rivellino não se lê todo dia na história das relações futebolísticas Brasil-Argentina. "Foi em Rivellino que me mirei para jogar. Até hoje, tenho em minha memória seu drible perfeito, seu passe preciso e seu chute indefensável", disse Maradona, que também tinha um pouco de tudo isso.

Talvez "El Diez" não saiba que as qualidades que admirou em Rivellino foram desenvolvidas não no gramado, mas no piso duro do que então se chamava futebol de salão – um antepassado já remoto do futsal. Quando ele começou a se destacar no Banespa, de São Paulo, as quadras eram menores do que as de hoje. Nelas, o drible tinha de ser feito em espaços pequenos, e um passe errado virava um contra-ataque perigoso. A bola era mais pesada e quase não quicava, por isso o chute exigia força, além da precisão.

Do futebol de salão vieram também os recursos para uma das marcas registradas de sua carreira: o drible conhecido como elástico, que consiste em empurrar a bola para um lado e trazê-la rapidamente para o ponto de partida, justamente no momento em que o marcador – que acaba com cara de bobo – dá o bote para roubá-la. Foi assim que nasceu um de seus gols mais famosos, pelo Fluminense, contra o Vasco [Alcir Portela foi a vítima, com o requinte de crueldade da bola passando entre suas pernas]. Mas o curioso é que Rivellino aprendeu essa finta quando já jogava o futebol de campo, com um nissei chamado Sérgio Echigo, seu companheiro de time nos aspirantes do Corinthians.

A transição das quadras para os gramados nem sempre é fácil. Embora alguns dos camisas 10 deste livro, como Zico e Ronaldinho Gaúcho, também tenham começado no futebol de salão, craques do futsal como Manoel Tobias e Falcão não conseguiram se firmar no mundo do futebol. Mas Rivellino tinha um trunfo: era peladeiro. Vivia batendo bola nas ruas do bairro, e o grito de sua mãe para tirá-lo de lá virou título de sua biografia: *Sai da rua, Roberto!*. Reza a lenda que já tinha o chute forte, o mesmo que quebraria quatro dedos de um goleiro e a clavícula de outro ao longo de sua carreira. A primeira vítima teria sido um coleguinha de escola, meio ruim de bola, atingido na cabeça com tanta força que passaria três dias desacordado.

Os amigos não perderam a oportunidade de "botar uma pilha", dizendo que ele seria preso pelo acidente, e o pequeno Roberto, assustado, rezou pelo nocauteado. As primeiras lições de malandragem só teria na várzea, onde aprendeu também a fazer com a bola grande o que já encantava muita gente com a pequena. Nos campos de terra e grama rala era chamado de Maloca, um apelido que – embora identificado com o Corinthians, cujo torcedor se diz "maloqueiro e sofredor, graças a Deus" – teve vida curta.

Como profissional, Rivellino seria chamado de Reizinho do Parque, Riva, Bigode e Patada Atômica. Cada um desses apelidos conta uma parte de sua história.

## Depois da reprovação, o não ao Palmeiras: "Agora eu sou Corinthians"

O Rivellino do futebol de salão e o Maloca das peladas pareciam convergir para um só destino no futebol: o Palmeiras. O dono do sobrenome e do apelido nasceu – no primeiro dia de 1946 – no seio de uma família italiana do bairro do Brooklyn, em São Paulo. O pai, Nicola, era torcedor alviverde. E foi no Palestra Itália que o garoto fez seus primeiros testes, num time juvenil que tinha Mário Travaglini como treinador [há registros de uma tentativa anterior, no São Paulo, aos 12 anos, mas o futebol de salão ainda teria seu jovem craque por algum tempo antes da migração definitiva para os gramados].

Como parece não haver grandes histórias sem grandes reviravoltas, Rivellino foi reprovado. Uma, duas, três vezes. E não chegou a fazer o quarto treino. Conseguiu uma indicação para tentar a sorte no Corinthians, no qual não demoraria a se firmar. Logo no primeiro campeonato como juvenil, enfrentou – como se o roteirista do destino quisesse apimentar a trama – o Palmeiras. Jogou bem, foi campeão, e Travaglini quis levá-lo de volta. A resposta veio em tom de frase final de épico hollywoodiano: "Agora não. Agora eu sou Corinthians".

E foi mesmo, por toda uma década. Integrado ao time juvenil em 1963, logo no ano seguinte ganhou uma chance entre os aspirantes – categoria que reunia jovens promessas e reservas não relacionados para o jogo principal. Como eram eles que faziam as preliminares, a torcida já conhecia aquele meia-esquerda que estreou como titular contra o Santa Cruz, na Ilha do Retiro, 12 dias depois de completar 21 anos, fazendo o último gol da vitória de 3 a 0.

Um começo promissor que logo levaria a apaixonada torcida corintiana a acreditar que o time finalmente encontrara seu grande camisa 10 [embora ele tivesse usado a 8 no jogo de estreia]. No começo dos anos 1960, o Santos já tinha Pelé como o maior jogador do planeta, bicampeão mundial pelo clube e pela seleção. No Palmeiras, Ademir da Guia começava a se firmar como o líder da Academia. O São Paulo – ainda endividado por causa da construção do Morumbi – e o Corinthians estavam ficando para trás.

O jovem Rivellino mal teve tempo de ser tratado como promessa.

No ano de sua estreia vestiu duas vezes a camisa da seleção, representada pelo Corinthians num amistoso contra o Arsenal, clube da Inglaterra, e por um combinado paulista em outro, contra a Hungria. Não eram convocações de fato; mas, para o torcedor mais apressado, e daí? Para completar a euforia, no ano seguinte já conquistava um título, o Torneio Rio-São Paulo – dividido com Santos, Botafogo e Vasco, porque houve quádruplo empate ao fim da primeira fase, disputada em sistema de pontos corridos, e a proximidade da Copa da Inglaterra não permitiu que houvesse o desempate previsto no regulamento; mas... e daí?

# Ainda à sombra de Pelé, as primeiras chances na seleção

A expectativa aos poucos se transformaria em cobrança. Rivellino se tornou titular na décima primeira temporada do que ficaria conhecido como o jejum de títulos do Corinthians. A última conquista tinha sido a do Campeonato Paulista de 1954, decidido apenas em fevereiro do ano seguinte, num empate com o Palmeiras. Vice-campeão em 1955, o clube veria Santos e Palmeiras levantarem todos os troféus do Paulistão nos anos 1960. Terminou em segundo apenas duas vezes, e mesmo assim sem ameaçar os campeões: chegou oito pontos atrás do Santos em 1962 e já não tinha condições de alcançar o Palmeiras nas últimas rodadas em 1966.

A torcida queria, o mais cedo possível, ver Rivellino entronizado como o Reizinho do Parque [apelido que ganhou do jornalista Antônio Guzmán em alusão à crença de que seria o substituto de Pelé e ao Parque São Jorge, a casa do Timão]. Mas na década de 1960 ele foi apenas mais um dos súditos do Rei do Futebol, que ao longo da carreira marcou 46 gols em 45 jogos contra o Corinthians.

Mesmo em meio ao jejum, Rivellino não demorou a ganhar uma chance de verdade na seleção brasileira. Em 1968, foi convocado por Aymoré Moreira para a disputa da Copa Rio Branco, um tradicional duelo entre Brasil e Uruguai. Foi titular no primeiro jogo, no Pacaembu, e substituiu Piazza no segundo, no Maracanã. Duas vitórias, por 2 a 0 e 4 a 0. O suficiente para levantar sua primeira taça vestindo a camisa amarela, e o mais importante: conquistar a confiança do treinador, que passou a chamá-lo com frequência. Num amistoso contra a Polônia, apenas oito dias depois, faria seus dois primeiros gols pela seleção [e sairia do jogo machucado, a dois minutos do fim]. E assim seguiria, jogando e marcando, até o fim do ano.

Mas 1969 começou com uma mudança de comando: João Saldanha assumiu o lugar de Aymoré e escalou suas feras. Rivellino estava entre elas, só que na reserva. Saldanha contava com ele na posição de meia-armador, a mesma de Gérson, que exercera a função na Copa do Mundo de 1966, na Inglaterra. O Reizinho do Parque perdia seu lugar no time titular às vésperas do Mundial que seria disputado no México no ano seguinte.

Chegou a marcar um gol nas Eliminatórias, numa goleada sobre a Colômbia, depois de sair do banco para substituir Gérson. Mas sabia que poderia ser útil de outra maneira. No Corinthians já tivera experiências num meio de campo com três jogadores, atuando mais próximo da área, à frente de Dino Sani e Nair. Um autêntico camisa 10.

## Pela ponta, o Patada Atômica chega ao México

Rivellino começou como titular – no lugar de Gérson – a partida que causou a queda de João Saldanha, já no ano da Copa do México. Atuando com o uniforme de treino, a seleção empatou em 1 a 1 com o Bangu, no dia 14 de março. Saldanha, em rota de colisão com Pelé, de quem dissera que tinha problemas de visão, não resistiu às pressões. Foi substituído por Zagallo, que aos poucos começaria a mudar o esquema 4-2-4 em que o time era escalado.

E lá foi Rivellino de volta para o banco, no primeiro jogo sob o comando do novo treinador – uma goleada de 5 a 0 num amistoso contra o Chile, no Morumbi. Na partida seguinte, de novo contra o Chile, dessa vez no Maracanã, ele começaria a trilhar o caminho da volta: saindo do banco, substituiu o ponta-esquerda Paulo César Caju e fez o gol da vitória de 2 a 1. Zagallo contava com Caju como titular da posição. Via nele um sucessor de seu futebol, considerado revolucionário na época em que defendera a seleção, nas Copas de 1958 e 1962. Um ponta que sabia jogar pelo meio, ajudando na marcação quando necessário. Mais adequado ao esquema que imaginava para o time de 1970 do que Edu, dono da posição com Saldanha.

Mas, ao longo do período de preparação para o Mundial, o treinador julgou que seu ponteiro preferido passava por uma má fase. Foi num amistoso contra a Áustria, no dia 29 de abril, que decidiu testar desde o início a solução improvisada durante o jogo contra o Chile. E

O Reizinho do Parque com o Rei Pelé: o Corinthians era freguês do Santos.

deu certo. Rivellino, na ponta-esquerda, fez o gol da vitória por 1 a 0 e não saiu mais do time. Na direita, Jairzinho, um atacante moderno com talento de meia, que sabia fechar em facão e aparecer na área para concluir, foi ganhando posição. No comando do ataque, Tostão, que no Cruzeiro dividia com Dirceu Lopes as funções de armação e conclusão. Todos com talento de camisa 10, todos adaptados a novas funções para que o maior de todos os camisas 10 pudesse brilhar. Foi assim que Zagallo preparou o Brasil para a Copa de Pelé.

Rivellino achou seu espaço nesse time, que muitos até hoje consideram o maior de todos os tempos. Fez seu primeiro gol contra a Tchecoslováquia, de falta, empatando uma partida que terminaria em goleada (4 a 1). Marcou de novo em dois jogos eliminatórios: abrindo os 4 a 2 sobre o Peru, pelas quartas de final, e fechando os 3 a 1 sobre o Uruguai, pela semifinal. Sempre com chutes fortes, que fizeram o locutor Waldyr Amaral passar a referir-se a ele como Patada Atômica. [Há quem diga que foram os mexicanos que inventaram o apelido, mas não há dúvida de que foi Waldyr o responsável pela sua popularização no Brasil.]

Além da nova alcunha, Rivellino trouxe do México uma grande responsabilidade. Seu estilo de jogo era o que mais se aproximava da posição de Pelé, que já anunciara ter sido aquela sua última Copa. Seria dele a camisa mais famosa do futebol brasileiro.

## O jejum permanece, e o Reizinho perde o trono

Na volta ao Brasil, o Reizinho do Parque não demorou a viver de novo a dura realidade do jejum corintiano. Em 1970-71, o São Paulo interrompeu a série de Santos e Palmeiras, únicos campeões estaduais na década anterior. Só faltava o Timão. E a melhor chance viria em 1974, justamente quando a última conquista completava 20 anos. Mesmo sem jogar bem na segunda fase, o Corinthians chegava a uma final do Campeonato Paulista, contra o Palmeiras.

O empate em 1 a 1 no jogo de ida convenceu os corintianos de que chegara a hora de acabar com o incômodo jejum, já há algum tempo motivo de piada dos adversários. Eles formavam a esmagadora maioria dos 122.522 torcedores que superlotaram o Morumbi para assistir à partida de volta. O time já tinha novos talentos, como o atacante Vaguinho e o lateral-direito Zé Maria, mas as maiores esperanças estavam depositadas em Rivellino, autor de gols fantásticos naquele mesmo campeonato – como aquele com que bateu um recorde contra o América: percebendo o goleiro desprevenido, ele acertou um chute forte e preciso, de muito longe, passados apenas 5 segundos do segundo tempo.

Mas na final quem marcou foi Ronaldo, centroavante do Palmeiras, aos 24 minutos do segundo tempo. Foi o único gol da partida decisiva, o gol do título. O Reizinho do Parque não reinou. E saiu de campo como um plebeu: andou do vestiário do Morumbi até seu apartamento, no Brooklyn. Só revelaria essa história anos depois, lembrando que as pessoas o olhavam, mas não acreditavam que era ele, ali, no meio do povo, desprovido de qualquer coroa – e de qualquer taça.

A crônica esportiva considerou sua atuação apagada, estranhamente defensiva. Rivellino credita à imprensa o fato de ter ficado sem clima no Parque São Jorge. Mas também entre os torcedores circularam as versões mais estapafúrdias: que era pé-frio, que tinha ficado mascarado depois do título mundial, que amarelava nas decisões, que não era, afinal, esse craque todo. Só lhe restava o caminho da rua.

Ao fim da temporada, foi negociado com o Fluminense.

## Na Copa em que substituiu Pelé, a frustração de um time desunido

Rivellino embarcou para o Fluminense levando na bagagem a maior frustração de sua carreira, o fim do relacionamento com o Corinthians. E tinha vivido momentos difíceis também pela seleção brasileira em 1974, seu último ano no Parque São Jorge.

A Copa do Mundo da Alemanha, em que ele deveria ter sido o substituto de Pelé na condução da brilhante geração de 1970, terminara com um frustrante terceiro lugar.

Os problemas começaram já no ano seguinte ao tri. Substituir Pelé, que se despediu de vez da seleção em 1971, era inevitável. Mas o técnico Zagallo não contava com outras perdas: Gérson decidiu encerrar a carreira em 1973; no mesmo ano, Tostão foi forçado a abandonar a carreira por causa da ameaça de descolamento de retina com que passara a conviver depois de levar uma bolada; e Clodoaldo, que estava convocado, se machucou às vésperas do Mundial. Do meio de campo para a frente, tinham sobrado apenas Rivellino – que assumira a vaga de Pelé, deixando a ponta-esquerda livre para a volta de Paulo César Caju, reserva em 1970 – e Jairzinho.

O período de preparação foi conturbado. Em 1972, mesmo tendo vencido a Minicopa, um torneio que celebrou o sesquicentenário da Independência, a seleção foi criticada pelos placares magros [1 a 0 sobre Escócia e Portugal, ambos com gol de Jairzinho, no Maracanã] e pelo estilo de jogo, que parecia querer imitar o futebol-força em voga na Europa. No ano seguinte, a crise só fez piorar: em excursão pelo exterior, os jogadores primeiro deixaram de falar com a imprensa e depois assinaram o Manifesto de Glasgow, em que reclamavam da forma como a seleção era tratada pela crônica esportiva – e isso depois de uma vitória, outro 1 a 0 sobre os escoceses.

Mas a atuação do time na primeira fase na Alemanha daria mais razão a jornalistas e torcedores. Depois de uma longa pré-temporada no frio da Floresta Negra, o Brasil passou, pela primeira vez em sua história, dois jogos de Copa do Mundo sem fazer gol. Os empates com Iugoslávia e Escócia obrigaram a seleção a vencer o fraquíssimo Zaire por 3 a 0 para garantir uma vaga na segunda fase. O resultado veio na conta do chá, com o terceiro gol sendo marcado por Valdomiro a 11 minutos do fim. Rivellino fizera o segundo, numa cobrança de falta. Na primeira partida das quartas de final, contra a Alemanha Oriental, repetiu a dose, com requintes de precisão. Enquanto ele se posicionava para o chute, Jairzinho procurava um lugar no meio da barreira alemã. Quando o juiz apitou, o atacante brasileiro deixou-se cair no chão, de frente, como se fosse uma árvore cortada por um lenhador. Revivendo o apelido de Patada Atômica que ganhara no México, quatro anos antes, o camisa 10 acertou um chute fortíssimo, que passou exatamente no espaço deixado pelo tombo de Jair. Um gol de antologia, um dos mais espetaculares de sua carreira, talvez o último grande momento do Brasil naquela Copa.

Não que a seleção não voltasse a vencer: os 2 a 1 sobre a Argentina, com Rivellino marcando seu único gol de bola rolando (num chute forte da entrada da área) para abrir o placar, chegaram até a alimentar a esperança de um reencontro com o bom futebol. Mas a ilusão só durou até o jogo seguinte, contra a Holanda. A Laranja Mecânica, sensação da Copa, envolveu o Brasil em seu carrossel, fez dois gols (com os astros Neeskens e Cruyff) em 20 minutos do segundo tempo e se classificou para a final.

Os brasileiros voltaram para casa com a sensação de frustração agravada pela derrota na decisão do terceiro lugar [1 a 0 para a Polônia, gol de Lato]. Em vez do tetra, trouxeram da Alemanha histórias de desunião – contava-se até de um soco desferido por Leão na cara de Marinho Chagas, no vestiário da última partida – e a preocupação com o futuro da seleção.

## Um baile carnavalesco para saudar a chegada ao Rio

Rivellino estreou no Fluminense num sábado de carnaval. Era mais uma das ideias ousadas de Francisco Horta, o recém-eleito presidente tricolor de quem se dizia ter organizado um plebiscito entre torcedores do Corinthians para mostrar a seu colega Vicente Matheus que o camisa 10 já não era mais o Reizinho do Parque. Horta também teria ligado para a mulher do craque para convencê-la de que o Rio de Janeiro era o melhor lugar para iniciar uma nova fase na carreira do marido. O fato é que no dia 8 de fevereiro de 1975, Rivellino estava no gramado do Maracanã, vestido de grená, verde e branco, para enfrentar seu ex-clube num amistoso. E mais de 75 mil torcedores estavam na arquibancada, vendo-o marcar três gols – o último com um lindo toque de cobertura sobre o goleiro – na vitória de 4 a 1.

A soberba atuação parecia, claro, uma resposta a torcedores e dirigentes do Corinthians. Se o problema de Rivellino no clube paulista fora a falta de títulos, no Rio eles não demorariam a surgir, um atrás do outro. No dia 27 de abril, foi dele o gol de falta sobre o América – aos 13 minutos do segundo tempo da prorrogação – que garantiu a conquista da Taça Guanabara. O Campeonato Carioca foi decidido num triangular. O Fluminense venceu o Vasco por 4 a 1 e levantou a taça mesmo perdendo a última partida (1 a 0 para o Botafogo). O Reizinho finalmente dava a volta olímpica, mas longe do Parque.

No ano seguinte, Francisco Horta continuou surpreendendo. Trouxe Paulo César Caju, parceiro de Rivellino nas Copas de 1970 e 1974, de volta do Olympique de Marselha, da França. A contratação foi comemorada com um amistoso contra o Bayern de Munique, que tinha em seu time astros da Alemanha campeã do mundo dois anos antes, como Sepp Maier e Franz Beckenbauer. A vitória por 1 a 0 – gol contra de Gerd Müller, artilheiro do Mundial – é até hoje considerada uma das maiores da história do Fluminense. O dirigente ainda criou o troca-troca, um sistema de negociação baseado apenas na cessão mútua de jogadores, sem envolver dinheiro, e com ele montou um time em que só um jogador não tinha vestido a camisa da seleção brasileira: o atacante argentino Doval.

Rivellino tinha agora um time de craques para comandar, que viria a ser conhecido como Máquina Tricolor. O Campeonato Carioca foi um desfile de talentos: em 32 jogos, apenas duas derrotas; 74 gols marcados contra 26 sofridos; entre as 23 vitórias, oito foram conquistadas com goleadas de quatro ou mais [a maior, de 9 a 0 sobre o Goytacaz, e a mais importante, de 5 a 1 sobre o Botafogo, valendo o título do terceiro turno e a vaga no quadrangular final]. O gol do título, num jogo extra contra o Vasco, foi marcado por Doval, aos 14 minutos do segundo tempo da prorrogação.

# O Brasileiro parou na invasão corintiana

O sucesso da Máquina Tricolor no âmbito estadual não se repetiu no Campeonato Brasileiro. O time comandado por Rivellino chegou a duas semifinais. Na primeira, em 1975, foi eliminado pelo Internacional, que começava a revelar sua geração tricampeã nacional. Até hoje, torcedores tricolores atribuem a derrota na segunda partida a Paulo Emílio, então técnico da equipe. Uma entrevista em que enaltecera o Fluminense teria sido interpretada como provocação, servindo de estímulo para Falcão & Cia. vencerem o jogo único, no Maracanã, por 2 a 0.

No ano seguinte, as esperanças eram maiores, com a chegada de craques como Carlos Alberto Torres e Doval, além de Paulo César Caju. E a eliminação foi ainda mais dramática. O adversário era justamente o Corinthians, ex-time de Rivellino. Mais uma vez, o Fluminense tinha o direito de fazer em casa a partida única. Mas a vantagem local desapareceu: num episódio que ficaria conhecido como invasão corintiana, algo entre 60 e 70 mil torcedores foram ao Maracanã torcer pelo time paulista. Dividiram a arquibancada com os tricolores, numa tarde de domingo em que o público total beirou os 147 mil. Muitos eram corintianos que viajaram de ônibus, carro, trem e avião e foram registrados pelas câmeras de TV ao longo do dia passeando pelas praias e pelos pontos turísticos do Rio de Janeiro. Mas havia também representantes dos rivais cariocas: Flamengo, Vasco e Botafogo.

Se não havia supremacia fora de campo, dentro dele o Fluminense tinha um time muito melhor. E começou impondo sua superioridade com um gol de Carlos Alberto Pintinho. Mas começou a chover, e o gramado pesado prejudicou o estilo técnico dos tricolores. Ruço empatou num lance acrobático, a chuva apertou ainda mais e o jogo foi decidido nos pênaltis. O herói da tarde não foi Rivellino, mas o goleiro Tobias, que defendeu duas cobranças e garantiu a classificação do Corinthians.

No ano seguinte, o presidente Francisco Horta continuaria a política do troca-troca, desmontando a Máquina Tricolor. Enquanto isso, o Corinthians conquistava o Campeonato Paulista, com um gol heroico de Basílio sobre a Ponte Preta. Se na chegada ao Rio era Rivellino quem parecia ter dado uma resposta ao ex-clube, na saída eram os corintianos que pareciam rir por último.

## Uma lesão no caminho da última Copa

Quando chegou a sua terceira Copa do Mundo, Rivellino há muito não era mais o Reizinho do Parque. Podia ser o Bigode, como os outros jogadores tinham começado a chamá-lo em 1971, quando adotou o visual comum na época (e que o acompanharia vida afora), ou o Riva, como os torcedores gostavam de abreviar. Mas sua identidade não estava mais ligada ao Corinthians. Apresentou-se ao técnico Cláudio Coutinho para ser o experiente líder de uma seleção renovada, que tinha jovens talentos como Zico – que já se acostumara a enfrentar no Campeonato Carioca – e Reinaldo.

Rivellino e Leão eram os únicos remanescentes da equipe que fracassara na Alemanha, em 1974. O goleiro foi titular em todas as partidas, mas o camisa 10 não contava com um adversário cruel em sua despedida: uma lesão. Conseguiu se recuperar a tempo de estrear contra a Suécia, num campo pesado que soltava tufos de grama nos pés dos jogadores. O esforço lhe custou a saída do time. Só voltaria no último jogo da segunda fase, contra a Polônia, saindo do banco para substituir Toninho Cerezo a 13 minutos do fim.

A goleada de 6 a 0 sobre o Peru, ainda hoje tratada com suspeita, levou a Argentina à final da Copa. A decisão do terceiro lugar, contra a Itália, seria a última oportunidade de Rivellino vestir a camisa da seleção brasileira. Mais uma vez, ele entrou no segundo tempo, substituindo Cerezo, e em seus 26 minutos finais tornou-se peça importante na virada do Brasil. Foi dele o passe para Dirceu marcar o gol da vitória de 2 a 1. Parecia o esforço final para sair de cabeça erguida de sua terceira Copa.

Aos 32 anos, o campeão mundial de 1970 tinha acabado de disputar seu 121º jogo oficial com a camisa amarela, com a qual marcara 43 gols. Com o terceiro lugar assegurado, caminhou pela última vez de um vestiário para o ônibus da seleção.

## O Curió finalmente se dedica a sua outra paixão

O adeus à seleção brasileira foi também o começo do fim da carreira de Rivellino. Depois da Copa da Argentina, ele deixou o Fluminense para buscar, no Oriente Médio, o que mais tarde jogadores e treinadores se acostumariam a chamar de independência financeira. Assinou contrato com o Al Hilal, da Arábia Saudita. Numa época em que os petrodólares ainda não tinham comprado um quinhão tão grande do futebol mundial, seu talento falou mais alto do que a idade. Conquistou a Copa do Rei em 1979 e o bicampeonato nacional nos dois anos seguintes.

A saída do Oriente Médio foi marcada pela confusão. Rivellino se desentendeu com o príncipe Kaled, benfeitor do time. Surgiram até boatos de que o soberano se interessara pela esposa do jogador. O fato é que, numa vinda ao Brasil, ele tentou acertar um contrato com o São Paulo para encerrar a carreira. Mas perdeu a batalha judicial contra o clube saudita – ao qual ainda estava vinculado – e decidiu parar de jogar, em 1981. Tinha então 35 anos.

Não era a despedida que Rivellino merecia. Melhor ficar com aquela caminhada final no Monumental de Nuñez, em Buenos Aires, depois do Brasil x Itália da Copa de 1978. Quando se lembra do trajeto entre vestiário e ônibus, ele diz que foram os cem metros mais longos de sua vida. Pensava na sensação de dever cumprido e na frustração de não ter jogado seu último Mundial como desejava. Talvez não tivesse lhe ocorrido, ali, que poderia retomar outro de seus apelidos de infância – Curió – e finalmente ter mais tempo para cuidar de sua outra paixão – criar passarinhos. Naquele momento ele era apenas Roberto Rivellino, um homem com lágrimas nos olhos.

ENTREVISTA:

# ADEMIR DA GUIA

"Naquele tempo era difícil encaixar no time dois jogadores com as nossas características. Hoje seria possível."

Ademir da Guia tem um perfil só para ele neste livro. Não é necessário falar dele aqui, a não ser para explicar por que foi escolhido para ser entrevistado sobre Rivellino. Os dois foram contemporâneos, envergando a camisa 10 de dois grandes de São Paulo nos anos 1960. Ademir começou mais cedo e teve mais sucesso por seu clube, o Palmeiras. Ao longo de sua primeira década alviverde, conquistou o Campeonato Paulista em 1963 e 1966, enquanto o Corinthians vivia seu jejum de títulos. Nos anos 1970, seriam mais dois – em 1972 e 1974, o segundo derrotando o Timão na final e causando a saída do Reizinho do Parque, vendido para o Fluminense.

Na seleção, a situação se inverteria. Convocado pela primeira vez em 1965, Rivellino se firmou, foi campeão mundial em 1970 e jogou mais duas Copas depois de ter herdado a camisa 10 de Pelé. Ademir jamais encontrou espaço. Foi convocado para um Mundial apenas em 1974 – quando Bigode já era o líder do time – e se despediu jogando pouco mais de um tempo da decisão do terceiro lugar.

Ademir da Guia e Rivellino se enfrentavam, cruzavam suas trajetórias, se observavam... e se respeitavam, como mostra Ademir nesta entrevista.

*Você e Rivellino tiveram carreiras muito próximas, que se encontraram em muitos momentos. Você começou um pouco antes no Palmeiras. Lembra-se de ter visto surgir o camisa 10 do maior rival?*
Nos meus primeiros anos no Palmeiras, o Rivellino era aspirante no Corinthians. Eu me lembro que os torcedores chegavam antes para vê-lo jogar na preliminar. Logo depois, virou profissional. Já lançava e chutava muito bem, características que o acompanharam ao longo da carreira. Era craque.

*Enquanto o Palmeiras de Ademir da Guia disputava títulos com o Santos de Pelé, o Corinthians de Rivellino amargava o jejum. Ele reclamava dessa situação quando vocês se encontravam?*
Ele não teve a sorte de ser campeão paulista, mas não conversávamos muito sobre isso. Mesmo quando estávamos juntos, na seleção, ele ficava num quarto e eu no outro. A rivalidade entre os clubes era muito grande.

*Os torcedores do Palmeiras e de outros clubes debochavam dos anos sem títulos do Corinthians...*
Acho que hoje o Campeonato Paulista é visto de outra forma, assim como todos os estaduais. O que importa para o torcedor dos grandes clubes, agora, é o Campeonato Brasileiro. É o que tem a maior repercussão, os melhores times. Naquela época não era assim. Ficar muito tempo sem ganhar o Paulistão tinha um peso muito grande.

*Era possível ver em campo que as cobranças pesavam sobre Rivellino?*
A maior pressão que ele e os jogadores do Corinthians sofreram foi na final do Campeonato Paulista de 1974. Uns 70% ou 80% dos torcedores que foram à partida final eram corintianos, e acreditavam que seu time seria campeão. Isso deu um peso muito grande ao jogo não só para o Rivellino, mas para toda a equipe. Para nós, seria apenas mais um título. Já tínhamos sido campeões dois anos antes.

Ademir da Guia com mais uma faixa de campeão: Rivellino era um rival admirado.

*Rivellino teve atuação criticada naquela final. Ele sofreu marcação especial?*
Tivemos o cuidado especial que dedicávamos a ele em todas as partidas. O Dudu marcava e outro jogador ficava responsável pela cobertura. Era o que fazíamos com qualquer grande jogador. Quando enfrentávamos o Santos, o Pelé também era marcado assim.

*O que justifica as críticas à atuação dele, então? Foi o nervosismo?*
O Rivellino jogou normalmente. O problema é que sobre ele e os outros jogadores do Corinthians havia a pressão de ter de ganhar. Quando você sabe que pode perder, é mais tranquilo. Fizemos 1 a 0 e ainda tivemos uma chance que o juiz anulou. Foi legal porque não ficou dúvida nenhuma sobre os méritos da nossa vitória.

*Depois que Rivellino foi para o Fluminense, suas carreiras seguiram caminhos diferentes. Vocês mantiveram contato?*
Continuamos nos encontrando mesmo depois que encerramos a carreira. Jogamos em times da categoria *master*. Às vezes, um contra o outro, ele pelo Corinthians e eu pelo Palmeiras, como antigamente. Mas também nos juntamos para jogar pela seleção paulista. O Riva é uma pessoa tranquila, legal, brincalhona.

*E ele ainda cobra você pela derrota em 1974?*
É difícil falarmos sobre os velhos tempos. Gostamos mais de brincar sobre o que aconteceu na última partida, apontar quem engordou...

*Naquele mesmo ano, vocês estiveram juntos na Copa da Alemanha. Rivellino chegou com a missão de substituir Pelé com a camisa 10. Isso pesou?*
Não acho que o Rivellino tenha sentido a responsabilidade. Ele veio de uma Copa de 1970 espetacular. Chegou sendo titular, estava disposto a fazer um bom campeonato. Foi uma pena que o Brasil tenha perdido para a Holanda. Nosso time desperdiçou algumas

chances no começo; chegou a jogar melhor. Mas os holandeses aproveitaram as oportunidades que tiveram.

*A semelhança de posições privou o torcedor brasileiro de vê-los no mesmo time muitas vezes...*
Jogamos muito pouco juntos. É até difícil lembrar. Com certeza, estivemos na decisão do terceiro lugar da Copa de 1974, contra a Polônia. Naquele tempo era difícil encaixar no time dois jogadores com nossas características. Hoje, seria possível jogar com dois meias como nós.

CAPÍTULO 5

## DIRCEU LOPES

Livre como um passarinho,
ele dividiu com Tostão
a honra de ser o camisa 10
do maior time
que o Cruzeiro já teve.

Tostão ou Dirceu Lopes? O fantástico time do Cruzeiro dos anos 1960 precisava ter um representante na lista dos 11 maiores camisas 10 do futebol brasileiro. Na hora de decidir por um deles, Dirceu largou em vantagem por ser o dono do número 10 naqueles anos celestes. Mas o que conta para nossa escolha não é o número, e sim a função – que os dois sabiam exercer com mestria. Tostão, por sua vez, teve uma carreira maior na seleção brasileira. Jogou duas Copas e ganhou a segunda, no México... escalado como atacante.

Foi justamente a polivalência de Tostão, que encantou o mundo como falso centroavante no time de Zagallo [era Jairzinho, o suposto ponta-direita, quem quase sempre irrompia pela área para concluir], que abriu caminho para Dirceu Lopes. Não apenas nestas páginas, mas também no Cruzeiro. Já dono de grande visão tática nos tempos de jogador, foi dele a decisão de mudar seu próprio estilo de jogo para que o jovem talento que vinha de Pedro Leopoldo pudesse se encaixar no time. Assim ele descreveu a história a Jorge Santana, em entrevista para o livro *Páginas heróicas*:

> Eu e o Piazza percebemos, de imediato, que Dirceu Lopes não poderia ficar amarrado a táticas e sistemas de jogo. Ele jogava em qualquer lugar do campo. Buscava a bola onde ela estivesse, carregava e driblava com uma facilidade impressionante, não havia o que melhorar, o que mexer em seu estilo. Mudamos nós, então. Piazza ficou mais na contenção e eu lançando e chegando para concluir o gol. Comparo Dirceu a um passarinho. Livre para voar ele era mais feliz e cantava mais bonito.

Nascia dessa decisão um time com dois camisas 10 – e talvez só assim tenha sido possível derrotar o Santos de Pelé em confrontos históricos nos anos 1960. Tostão foi jogar ao lado do Rei na seleção e está escalado no livro de centroavantes desta coleção. Para este aqui, ficamos com o passarinho.

## Rápido e rasteiro como o ataque do Cruzeiro

Dirceu Lopes Mendes só saiu da cidade onde nasceu, a 35 quilômetros de Belo Horizonte, para jogar no Cruzeiro. E sua chegada – como parece ser a sina dos camisas 10 – é contada em tom épico. Adelino Torres, o descobridor de talentos que o encontrou nos juvenis do Esporte Clube Pedro Leopoldo, teria dito uma daquelas frases emblemáticas ao recomendá-lo a Felício Brandi, então presidente cruzeirense: "O menino é um craque".

E a partir daí começam aquelas histórias de primeiro treino que via de regra acompanham os craques. Na chegada às categorias de base, em 1963, o jovem Dirceu teria sido aplaudido até pelos titulares. No ano seguinte, quando foi campeão mineiro juvenil, chamaram-no para um teste com o time de cima. E até hoje há quem se lembre de suas arrancadas pelo meio, sem temer a marcação dos adultos. [Foi quando Tostão o viu e chegou à conclusão já citada.] No primeiro jogo pela equipe principal, contra o Paraense, em Pará de Minas, marcou dois gols numa goleada de 5 a 0.

Tostão e Dirceu Lopes fariam sua primeira partida juntos ainda em 1964, numa vitória de 1 a 0 sobre o extinto Siderúrgica, no que era então o estádio do Cruzeiro, no bairro de Barro Preto. Não demorou para que o garoto baixinho (Dirceu tem 1,62m) e veloz ganhasse vaga. Tostão não tinha sido o único a se impressionar com seu estilo de arrancadas e dribles rápidos. Era capaz de conduzir a bola pelo meio, por vezes saindo de sua própria área, e muitas vezes preparava as jogadas para ele mesmo – porque também era exímio chutador.

Com essas qualidades, foi peça-chave para o treinador Aírton Moreira (irmão de Zezé e Aymoré) montar um sistema de jogo baseado em toques velozes e rentes ao chão, fugindo à moda da época. No meio, os times dos anos 1960 procuravam se inspirar no estilo cadenciado do Santos de Pelé. Pelas pontas, era mais comum procurar os cruzamentos pelo alto, para os centroavantes fixos na área. As tabelinhas de Dirceu Lopes com seus companheiros mudaram essa história e deram origem a uma expressão até hoje usada em Minas Gerais: "rápido e rasteiro como o ataque do Cruzeiro".

## Na inauguração do Mineirão, a arrancada para um penta inédito

A primeira temporada de uma das maiores duplas que o Brasil viu jogar foi também a que deu início a uma série de títulos – numa época muito especial para o futebol mineiro. Em 1965, Dirceu Lopes e Tostão atuavam num time que já tinha Pedro Paulo, Ilton Chaves e Hilton Oliveira. Era o ano da fundação do Estádio Governador Magalhães Pinto, o Mineirão, construído pelo governo do Estado para acompanhar a evolução dos times da capital [Atlético, Cruzeiro e América tinham sedes próprias, mas as três somadas não chegavam aos 130 mil lugares do projeto original].

A inauguração oficial foi num amistoso da seleção mineira contra o River Plate, da Argentina, no dia 5 de setembro – com o primeiro gol marcado pelo atleticano Buglê. Mas o jogo que todos esperavam era o clássico decisivo do Campeonato Mineiro daquele ano. Mais de 60 mil torcedores foram ver o primeiro Cruzeiro x Atlético do que desde então se passou a chamar de Era Mineirão. O único gol marcado naquela tarde de 24 de outubro teve um roteiro que já estava se tornando conhecido: começou com uma arrancada de Dirceu Lopes e terminou com um chute de Tostão.

A jovem equipe cruzeirense, que liderava a competição com dois pontos de vantagem, estava a 11 minutos de levantar o troféu quando Wilson Almeida entrou na área e foi derrubado por Décio Teixeira. O juiz marcou pênalti e foi imediatamente contestado – e agredido – pelos jogadores do Atlético e pelo técnico Marão. A polícia interveio, dirigentes invadiram o campo... Até que os atleticanos resolveram abandonar a partida. O episódio até hoje é motivo de provocação dos cruzeirenses, que acusam os rivais de covardia e debocham da

Fora de campo, Dirceu Lopes sempre teve jeito de menino; dentro, era livre como um passarinho.

reclamação de que a falta teria sido cometida em cima da linha (o que, de qualquer forma, daria razão ao árbitro).

Diante de tamanho tumulto, pode até ter passado despercebido que começava a se formar ali, sob o comando de Dirceu Lopes e Tostão, o maior time que o Cruzeiro já teve. O título conquistado com o abandono de campo foi o primeiro de um pentacampeonato estadual – até hoje a maior série da história do clube.

## O melhor primeiro tempo da história do Mineirão

Em 1966, o campeão mineiro começou a incorporar a seu jovem time nomes que todo torcedor mais tarde saberia de cor: Raul, Piazza, Zé Carlos, Natal... A conquista do bi teve momentos marcantes, como uma goleada de 5 a 1 sobre o América e um gol do meio de campo contra o Atlético, marcado por Natal. Mas foi um amistoso que determinou o surgimento do que os torcedores passariam a chamar de Academia Celeste. E Dirceu Lopes teve papel de destaque nessa partida.

O Rapid Viena, da Áustria, estava excursionando pela América do Sul. Era um time pouco conhecido dos brasileiros, com um estilo novo de jogo: os laterais tabelavam com os pontas e iam ao fundo, confundindo os marcadores adversários. O Cruzeiro ainda estava atordoado quando Seitl marcou pela primeira vez, com apenas quatro minutos de jogo. Um chute de Dirceu Lopes, no ângulo, empatou a partida cinco minutos depois. Tostão comandou a reação, os austríacos responderam, Dirceu participou de mais um gol... E aos 37 minutos, o placar já marcava 5 a 3 para o Cruzeiro.

Terminou assim o que muita gente ainda considera o melhor primeiro tempo da história do Mineirão. Claro que tantos gols e tanta correria fariam efeito depois do intervalo: o ritmo do jogo diminuiu e apenas mais um gol foi marcado, de novo por Seitl. Mas a vitória final, por 5 a 4, dava à torcida claros sinais de que um grande time estava se formando.

Naquele dia 26 de janeiro entraram em campo Tonho (depois Fábio), Pedro Paulo, William, Vavá, Neco (Tenório), Piazza (Zé Carlos), Dirceu Lopes, Natal (Rossi), Tostão, Marco Antônio e Hilton Oliveira. Sobre essa base – com acréscimos como o de Raul – se construiria um Cruzeiro inesquecível. Dirceu, que se firmara como titular apenas no ano anterior, saiu do Mineirão consagrado como o melhor jogador de uma vitória histórica.

## O Santos de Pelé tomou um banho de bola

A prova de fogo do novo Cruzeiro começaria a ser vivida no fim daquele ano. Já bicampeão mineiro, o time se classificou para disputar a Taça Brasil. Passou nas semifinais pelo Fluminense, campeão da Taça Guanabara, e se classificou para enfrentar na final o Santos de Pelé, pentacampeão da competição, bi da Libertadores e do Mundial Interclubes. Era possível fazer qualquer previsão sobre esse confronto – menos o que se viu em campo.

O Mineirão se encheu de orgulho para a primeira partida da decisão: pelas arquibancadas cheias, com 77 mil torcedores que bateram o recorde nacional de público, até então pertencente a um Fla-Flu; e pela drenagem do estádio, que deixou o gramado em perfeitas condições depois de uma semana chuvosa. Cenário perfeito, dentro e fora de campo, para um jogo inesquecível.

Aos cinco minutos, o Santos já perdia por 1 a 0, com um gol contra, quando uma arrancada de Dirceu Lopes – depois de Piazza roubar uma bola de Pelé – deixou Natal livre para aumentar. Os dois gols seguintes seriam de Dirceu, derrubando dois bicampeões mundiais do Peixe e da seleção: o goleiro Gilmar, que ficou agarrado à trave depois de um dos chutes, e Zito, que foi driblado duas vezes seguidas. Tostão, de pênalti, fechou o placar de mais um primeiro tempo inesquecível: 5 a 0.

Dirceu Lopes e os outros jogadores do Cruzeiro foram para o vestiário sem acreditar direito no que estava acontecendo. E até o Rei Pelé parecia ter sentido o golpe da ameaça a sua majestade: no segundo tempo, foi expulso por levantar o pé numa entrada em Piazza, depois de mais um desarme [em represália, levou uma peitada de Procópio, que também ganhou um cartão vermelho]. Coube a Toninho fazer os dois gols que esboçaram uma reação para o Santos, mas o dia era mesmo de Dirceu. Quando Evaldo dividiu com Gilmar, a bola sobrou para o camisa 10 que ainda estava em campo fechar a goleada: 6 a 2.

"Eis que irrompe no futebol brasileiro uma nova e tremenda força... O Santos de Pelé tomou um banho de bola. Foi sim uma goleada quase humorística", escreveu Nelson Rodrigues, o maior cronista esportivo do Brasil. A humilhação repercutiu nos jornais e nas arquibancadas de todo o país, deixando o clima pesado para a partida de volta – até mesmo no sentido literal, porque choveu a semana toda em São Paulo e o gramado do Pacaembu estava pesado. O Rei queria de volta o trono que parecia ter perdido em Belo Horizonte, e foi dele o primeiro gol. Dois minutos depois, Toninho fez o segundo. Saldo não era problema – bastava uma vitória para forçar um jogo de desempate, e ela parecia bem encaminhada ao fim do primeiro tempo.

No intervalo, Dirceu Lopes e Tostão combinaram trocar de lado. Bastaram 12 minutos para a estratégia surtir efeito: sofrendo grande pressão, a defesa do Santos fez pênalti em Evaldo. Tostão desperdiçou a cobrança, mas o que parecia a pá de cal na reação do Cruzeiro foi na verdade o motivador da virada. Ele não sossegou enquanto não se redimiu do erro, com uma cobrança de falta, sete minutos depois. Dirceu parecia ter ouvido o chamado do parceiro e, com um drible desconcertante no goleiro Cláudio, marcou o que já seria o gol do título. Mas Natal ainda faria questão de aumentar a surpresa: 3 a 2 fora de casa!

# Na seleção, entre as feras do Saldanha

As duas vitórias sobre o Santos de Pelé botaram de vez o Cruzeiro no mapa do futebol brasileiro. Mas apenas uma das estrelas daquele time tinha chegado à seleção na Copa da Inglaterra, em 1966: Tostão. Seu companheiro Dirceu Lopes – que então era o artilheiro do Campeonato Mineiro – só seria convocado no ano seguinte, estreando numa competição oficial, a Copa Rio Branco. Foram três partidas contra o Uruguai, todas no Estádio Centenário, em Montevidéu. Jogando ao lado de companheiros de clube, como Tostão, Piazza, Natal e Ilton Chaves, mas fora de posição – formava com Piazza a segunda linha do esquema 4-2-4 –, Dirceu fez um gol, o do empate em 1 a 1 que daria o título ao Brasil.

Foi o único troféu que ele levantou com a camisa amarela. No outro jogo disputado naquele ano – já com Zagallo substituindo Aymoré Moreira no comando –, não entrou em campo. O novo treinador só o lançaria num amistoso contra a Argentina, no ano seguinte, em Belo Horizonte. Mais uma vez, o Cruzeiro era a base. E mais uma vez Dirceu Lopes marcaria um gol, o primeiro na vitória de 3 a 2.

Ainda em 1968, João Saldanha assumiu o cargo com uma proposta revolucionária: para evitar uma repetição do fracasso na Copa da Inglaterra, para a qual foram convocados 44 jogadores apenas no período de preparação, um grupo fechado seria formado para o Mundial seguinte, no México. E para facilitar o entrosamento, a base viria dos melhores times do país: Santos, Botafogo... e Cruzeiro. Eram as "feras do Saldanha". E Dirceu Lopes se tornou uma delas. Jamais foi titular absoluto, mas voltou a sua posição original, na linha de frente do 4-2-4, fez gols e viveu sua melhor fase na seleção.

## Um quadrado mágico para fechar um ciclo vitorioso

Em 1969, o Cruzeiro fecharia o ciclo vitorioso da geração de Dirceu Lopes com o pentacampeonato mineiro. Já era um time diferente, num esquema que muito se assemelhava ao 4-4-2 – que mais tarde se tornaria dominante no futebol brasileiro, mas então era uma novidade fresquinha, popularizada pela Inglaterra que ganhara a Copa em casa. O esquema dos ingleses tinha as duas linhas de quatro que voltaram à moda no século XXI. O dos mineiros era diferente, com uma formação de quadrilátero no meio de campo. Ainda não era o que viria a ser denominado "4-4-2 à brasileira", mas foi chamado, muito antes do fracasso da seleção de Parreira na Copa de 2006, de quadrado mágico.

Natal e Rodrigues eram pontas como os que havia no 4-2-4 dos anos 1960 e continuaria havendo no 4-3-3 dos anos 1970. O que sumiu do Cruzeiro montado por Gérson dos Santos foi o centroavante. Quando Evaldo saiu do time titular, quem passou a usar a camisa 9 foi Zé Carlos, que formava a dupla de volantes com Piazza. À frente deles, Tostão e Dirceu Lopes faziam o que sempre fizeram, revezando-se entre a criação e a conclusão. Mas agora, o que chegava até a área (ora um, ora outro) não era mais o quarto atacante, o elemento surpresa. Fazia, sim, o papel de homem de área – o mesmo que Tostão viria a exercer na Copa de 1970. Muita coisa mudou, mas Dirceu continuava livre como um passarinho.

E ele voou mais uma vez na partida decisiva do Torneio Roberto Gomes Pedrosa, o antecessor do Campeonato Brasileiro. O Cruzeiro empatara duas vezes no quadrangular decisivo, e precisava da vitória contra o Corinthians, no Mineirão – sem Tostão. Faltando 20 minutos para o fim, um empate de 1 a 1 estava levando o Timão ao título. Foi quando Piazza, enquanto discutia com o juiz para chamar a atenção dos adversários, bateu uma falta para Dirceu Lopes. A torcida se levantou para ver mais uma arrancada – que dessa vez passou entre os zagueiros Luiz Carlos e Ditão, tão depressa que eles trombaram um contra o outro.

O chute forte, sem defesa para Ado, valeu a vitória, mas não a taça. O Palmeiras venceu o Botafogo no outro jogo e ficou com ela. Os aplausos na saída do campo valeram pelo conjunto da obra, uma homenagem a uma era que se encerrava.

## Copa do México, a maior frustração da carreira

Dirceu Lopes começou 1970, o ano da Copa do México, como titular da seleção brasileira. Em dois amistosos contra a Argentina, formou o ataque ao lado de Jairzinho, Pelé e Edu. Mas o terceiro, um jogo-treino contra o Bangu, acabou em empate e causou a queda de João Saldanha. Muitas das "feras do Saldanha" seriam mantidas por seu sucessor, Zagallo. Dirceu não. Segundo o novo treinador, havia muitos jogadores para a posição. Era de fato uma seleção de camisas 10, e não ter encontrado espaço nela foi a maior frustração da carreira do passarinho celeste.

Tostão, seu companheiro de time, conquistaria o tricampeonato mundial disfarçado de centroavante. Dirceu só voltaria a entrar em campo pelo Brasil – saindo do banco de reservas – em dois amistosos em 1972. No primeiro deles, substituiu Tostão e fez um gol na vitória de 3 a 2 sobre o Paraguai – seu último vestindo amarelo. O camisa 10 que terminaria a carreira com 224 gols marcados em 601 partidas pelo Cruzeiro teve uma passagem menos marcante pela seleção: 19 jogos, quatro gols.

Entrou para a história do futebol brasileiro como um dos maiores jogadores do país a jamais ter sido convocado para uma Copa do Mundo.

## Na década de 1970, mais uma série de conquistas

A frustração de ter ficado fora da Copa do México não abalou o futebol de Dirceu Lopes nos anos seguintes. Pelo contrário, parece tê-lo feito renascer para mais uma série de conquistas – pessoais e coletivas – na década. Ainda em 1970, ganhou a Bola de Prata, tradicional prêmio da revista *Placar*, como o melhor meia do país [concorrendo com os convocados de Zagallo]. Repetiria o feito nos Campeonatos Brasileiros de 1971 e 1973.

Em Minas, era chamado de "Dez de Ouros" ou "Príncipe" e visto pelos torcedores como uma espécie de sucessor de Garrincha – que uma vez o visitara no hotel onde o Cruzeiro se concentrava e o chamara de "o melhor jogador do mundo" – na galeria do futebol-arte. Em 1972, assumiu de vez o papel de líder, depois que Tostão se transferiu para o Vasco, e o exerceu até do banco de reservas, imobilizado com uma bota de gesso, na final do Campeonato Mineiro daquele ano. Em campo, ocupando seu lugar, estava um jovem de 19 anos chamado Palhinha, que faria os dois gols (um deles na prorrogação) da vitória de 2 a 1 sobre o Atlético e mais tarde se firmaria como seu substituto.

Mas Dirceu só cederia de vez a camisa celeste em 1975, ao sofrer uma séria lesão no calcanhar. Até lá, ainda participaria de outra impressionante série de títulos, o tetracampeonato mineiro de 1972 a 1975. Viu surgir – e ajudou a desenvolver – o time que seria, já sem ele, campeão da Libertadores no ano seguinte.

## Os últimos cantos do passarinho

O problema no tendão de Aquiles que fez com que Dirceu Lopes deixasse o Cruzeiro tirou-o de campo por 13 meses. Numa época em que a medicina esportiva ainda não era tão avançada, esse tipo de lesão costumava levar ao abandono da carreira. Mas ele quis insistir – e acabou rotulado entre os jogadores que não sabem a hora de parar. Jogou pelo Fluminense em 1976-77 – passando a maior parte do tempo como reserva de Rivellino no time que ficou conhecido como Máquina Tricolor – e depois só encontrou espaço em times do interior mineiro.

Pelo Uberlândia, que defendeu em 1978-79, chegou a marcar um gol contra o Cruzeiro, numa derrota de 2 a 1, no Mineirão, pelo Campeonato Mineiro. Mas já estava longe dos tempos em que encantava a torcida celeste naquele mesmo estádio. Ainda por causa da lesão no calcanhar, tinha de ser substituído com frequência – essa partida foi a única em que conseguiu ficar 90 minutos em campo pelo time do Triângulo Mineiro.

Em 1980-81, teve mais uma passagem sem brilho pelo Democrata de Governador Valadares. No ano seguinte, já estava em outro Democrata, o de Sete Lagoas, mais perto de Pedro Leopoldo, sua cidade natal, onde voltou a viver depois que encerrou a carreira, em 1982.

A partida de despedida foi entre Cruzeiro e Uberlândia. Jogou o primeiro tempo pelo time que defendeu por 14 anos e apenas 25 minutos do segundo da forma como encerrou a carreira: sem a camisa azul, ferido, mas livre – como um passarinho.

## ENTREVISTA
# TOSTÃO

"Formávamos uma dupla ideal.
O que ele precisava, eu tinha; o
que eu precisava, ele tinha."

Dirceu Lopes ou Tostão? Se um foi o escolhido como representante do Cruzeiro dos anos 1960 entre os camisas 10 deste livro, o outro tinha de ser o entrevistado. Eduardo Gonçalves de Andrade era um meia tão versátil que, como já foi mencionado, está escalado em *Os 11 maiores centroavantes do futebol brasileiro*, outro livro desta coleção. Foi nessa posição que se consagrou na Copa do Mundo do México, em 1970, abrindo espaço para as arrancadas de Jairzinho, os chutes de Rivellino e a majestade de Pelé.

No Cruzeiro, revezava-se com Dirceu Lopes na criação e na conclusão das jogadas de um time que assustava até o Santos de Pelé. Revelado no futebol de salão do clube que o consagrou, o menino que era chamado de Tostão por ser mirrado como dinheiro trocado quase optou por outro grande de Belo Horizonte, o América, quando cresceu e decidiu levar a sério a carreira de jogador de futebol. Filho de uma família de classe média, formou-se em medicina depois que parou de jogar – por ironia do destino, obra e graça de um problema de saúde: uma bolada no olho, desferida num chute acidental do zagueiro Ditão, do Corinthians, causou-lhe descolamento de retina.

Conseguiu se recuperar a tempo de disputar a Copa do México, mas o problema voltou depois que ele se despediu do Cruzeiro, em 1972, como o maior artilheiro da história do clube (tendo marcado 249 gols). Por causa do olho que não ficava bom, abandonou a carreira no ano seguinte, após ter disputado poucas partidas pelo Vasco – que pagara uma fortuna pelo seu passe.

O doutor Eduardo passaria um bom tempo longe do futebol. Mas seu conhecimento tático e seu jeito gostoso de falar do jogo que sempre conheceu tão bem o trariam de volta, transformando-o num dos mais respeitados comentaristas esportivos do país.

*O Cruzeiro dos anos 1960 tinha tanto talento e tanta polivalência que nos permitiu escalar Dirceu Lopes neste livro e você no dos centroavantes. Como era essa alternância de posições dentro de campo?*
Naquele time do Cruzeiro, o Dirceu era meia-esquerda. Ele corria o campo todo, tinha uma habilidade muito grande. Nós trocávamos constantemente de posição, só que eu ia apenas até o meio de campo buscar a bola, enquanto ele ia até a entrada da nossa área. O forte dele era jogar assim mesmo, no campo todo, driblando e chutando. Eu tinha uma característica mais tática, que me permitiria jogar no futebol de hoje.

*Os dois tinham qualidades e características de camisa 10...*
Ele era um jogador com bola, sem grande preocupação coletiva. Eu pensava mais o jogo. Pela habilidade que tinha, o Dirceu ficava muito com a bola. Meu estilo era diferente, preferia passar de primeira.

*Parece uma fórmula perfeita. Vocês sempre se entenderam assim?*
Formávamos uma dupla ideal. O que ele precisava, eu tinha; o que eu precisava, ele tinha. Depois dos nossos dois primeiros treinos, parecia que já jogávamos juntos há anos.

*Há muitas histórias sobre os primeiros treinos de Dirceu Lopes no Cruzeiro. Podemos acreditar nelas ou são lendas do futebol?*
Ah, é verdade... Assim que ele chegou ao Cruzeiro, todo mundo viu que era um jogador diferente. Quando treinamos juntos pela primeira vez, começou a fazer tabelas comigo. Ficou todo mundo impressionado.

Tostão deixa o campo sozinho; dentro dele, tinha sempre a companhia de Dirceu Lopes.

*Por que o talento que Dirceu Lopes mostrava com a camisa azul não foi visto com a camisa amarela?*
O Dirceu não foi muito bem na seleção. Isso passou a ideia de que ele ficou inibido. Mas não é verdade. O fato é que ele não tinha a liberdade, o espaço que tinha no Cruzeiro, o que é normal num ambiente de seleção. Eu era mais coletivo, me adaptava mais. Dirceu era diferente, saía do padrão, não fechava espaços. No clube, isso era uma qualidade, mas na seleção virou defeito.

*A personalidade dele, que todos diziam ser um sujeito fechado, pode ter atrapalhado também?*
Ele mesmo disse que teve dificuldades porque era tímido. Na seleção, você tem um ou dois jogos para mostrar que é bom. E naquela época havia muita concorrência. Sem contar o Pelé, na posição dele havia dois jogadores que até hoje estão entre os 20 melhores da história do futebol brasileiro. E o Dirceu vinha do futebol mineiro, numa época em que paulistas e cariocas dominavam a seleção.

*Não ter se firmado na seleção foi algo que chegou a abalá-lo?*
Nós não chegamos a conversar muito sobre isso. Mas, pela idade que o Dirceu tinha depois da Copa de 1970, achei que ele jogaria mais tempo em alto nível. Eu nunca tinha pensado nisso, mas talvez a frustração de não ir à Copa possa ter acelerado a decadência dele. É algo parecido com o que está acontecendo hoje com o Ronaldinho Gaúcho.

*Você o conheceu de perto. Ele era mesmo um tímido?*
O Dirceu era calado. Sempre teve o jeito simples, humilde, de menino do interior. Mas no grupo era brincalhão. E dentro de campo era mais esperto do que todo mundo, mesmo tendo chegado sem o preparo das categorias de base. Hoje, os meninos começam com 10 anos de idade. Ele veio direto do interior para jogar no time de cima do Cruzeiro.

*Um jogador assim só se firma com muito talento...*

O Dirceu tinha algo do Garrincha, uma coisa "desencroada" do jogo tático. Nós logo percebemos isso, mas também notamos o grande talento dele. Eu dizia ao Piazza: "Ninguém fala com o Dirceu. Deixa ele jogar". Era assim que funcionava.

*Você e Dirceu Lopes viveram grandes momentos juntos. Dá para escolher o maior?*

Sem dúvida nenhuma, nossa vitória de 6 a 2 sobre o Santos, no Mineirão. Ele foi, disparado, o melhor em campo. Arrancava do meio de campo, driblava um, dois, chutava da intermediária... Nunca me esqueço da imagem do Gilmar, um grande goleiro, enrolado à trave depois de levar um dos gols dele.

CAPÍTULO 6 | # ZICO

O garoto franzino,
que foi descoberto
usando a camisa de Pelé,
substituiu seu próprio ídolo
no time do coração
e conquistou o mundo
em vermelho e preto.

Em 1967, um garoto franzino de 14 anos de idade chegava ao estádio do Flamengo, na Gávea. Fizera uma longa viagem desde o subúrbio do Rio de Janeiro, onde morava com a família, no bairro de Quintino Bocaiúva. Estava ali para fazer um teste na escolinha do clube – uma história tantas vezes já vista até então e tantas vezes repetida até hoje. Seus olhos brilharam quando ele olhou para o gramado. Mas não porque já se imaginasse brilhando sobre ele com a camisa rubro-negra, e sim por saber que ali, até apenas um ano antes, tinha pisado seu grande ídolo.

Arthur Antunes Coimbra nascera de pai português e mãe brasileira, mas quis o destino que não torcesse pelo Vasco, o time da colônia lusitana na cidade. O pai, José, se encantara pelo rubro-negro e dizia que na casa dele até o papagaio era Flamengo. Arthur, o caçula de cinco filhos, primeiro apelidado de Arthurzico, depois chamado apenas pela corruptela Zico, cresceu ouvindo pelo rádio e vendo no Maracanã as atuações do alagoano Edvaldo Alves de Santa Rosa, o Dida – um ponta de lança que chegou à seleção e perdeu a vaga para Pelé na Copa de 1958. Ao vê-lo pela primeira vez, fazendo um dos gols da vitória de 2 a 0 sobre o Corinthians pela final do Torneio Rio-São Paulo, sonhou ser como ele, o maior artilheiro rubro-negro até então.

O pequeno Zico já fazia gols. Os primeiros, ainda com a bola pesada do futebol de salão, pelo Juventude, time formado por amigos e parentes em Quintino. Aos domingos, disputava um torneio na quadra do River, no bairro vizinho de Piedade. Os garotos eram divididos em times que usavam as camisas de grandes clubes brasileiros. Jogando pelo Santos e usando o número 10 de Pelé – o homem que, ele jamais poderia imaginar, anos mais tarde o apontaria como seu sucessor no futebol brasileiro –, Zico marcou nove gols numa vitória de 14 a 4.

Um amigo da família, o radialista Celso Garcia, já tinha ouvido falar do garoto artilheiro e assistiu a esse jogo. Saiu dali e foi direto à casa de José – de onde já tinham saído Antunes, o mais velho, com passagem pelo Fluminense, e Edu, que chegaria à seleção brasileira jogando pelo América – pedir autorização para levá-lo à Gávea e fazer o tal teste. Claro que Zico passou. E logo na estreia pelo time da escolinha fez dois gols, numa vitória de 4 a 3 sobre o Everest.

Começava assim não apenas uma história tantas vezes já vista até então e tantas vezes repetida até hoje, mas o conto de fadas do garoto do subúrbio que, usando a camisa do maior jogador de futebol de todos os tempos, ganharia a chance de substituir seu ídolo no time do coração.

## O primeiro Projeto Zico

Apenas quatro anos depois de seu primeiro teste na escolinha, Zico estrearia pelo time principal do Flamengo, num clássico. Foi dele o passe para Fio Maravilha fazer o segundo gol de uma vitória de 2 a 1 sobre o Vasco. Na Gávea, já se falava muito do talentoso garoto das categorias de base que estava sendo preparado para assumir a camisa 10. No ano anterior, ele recebera, num gesto simbólico, as chuteiras de Carlinhos, condutor de um brilhante meio de campo rubro-negro que estava se aposentando. Do locutor Waldyr Amaral, ganharia o apelido que o acompanharia por toda a carreira: Galinho de Quintino. Galinho por causa do estilo brigador e o cabelo grande que parecia uma crista; Quintino por causa do bairro de origem.

Mas, apesar do início alvissareiro, levaria um tempo para ganhar a vaga. O técnico Zagallo achava que seu físico – ainda franzino – precisava ser desenvolvido, e devolveu-o aos juvenis. O Flamengo montou então um projeto de crescimento para Zico. Com alimentação reforçada e exercícios programados sob medida – algo ainda incomum à época –, ele aos poucos deixaria para trás as pernas finas. Enquanto se dedicava ao experimento, o jovem artilheiro avançava a cada ano: em 1972, foi campeão carioca pelos juvenis, marcando um gol na final contra o Vasco, e participou de dois jogos do time principal, que também conquistou o título estadual; em 1973, assinou seu primeiro contrato como profissional.

O encontro definitivo de Zico com a camisa 10 do Flamengo se daria em 1974. E de forma impressionante. Líder de um time jovem, conquistou o Campeonato Carioca, superando nas finais o Vasco e o América de seu irmão Edu. No Brasileiro, ganhou pela primeira vez a Bola de Ouro, tradicional prêmio da revista *Placar* ao melhor jogador da competição [que lhe seria dado novamente em 1982]. E terminou o ano com 49 gols, batendo o recorde de 46 que pertencia ao seu ídolo Dida. Era o prenúncio de uma trajetória ascendente – que ainda demoraria um pouco mais a se confirmar.

Nos três anos seguintes, Zico continuou fazendo muitos gols. Foi o artilheiro carioca em 1975, com 30, e em 1977, com 27. Mas não conseguiu levar seu clube à conquista de títulos, numa sequência que pôs em risco um time em que despontavam jovens talentos, como Júnior, Andrade e Adílio. Até hoje, há quem diga que a geração que deu origem à expressão "Craque o Flamengo faz em casa" só não foi desmantelada por causa do Campeonato Carioca de 1978, conquistado com um gol de cabeça do zagueiro Rondinelli, aos 41 minutos do segundo tempo do jogo decisivo contra o Vasco – num lance em que Zico, sob protestos da torcida, cobrou o escanteio, em vez de ir para a área tentar a conclusão.

## Na seleção, ainda sem a 10 de Pelé

Em meio a uma época de vacas magras no Flamengo, Zico foi convocado pela primeira vez para a seleção brasileira principal. O curioso é que, anos antes, a camisa amarela por pouco não acabara precocemente com a carreira do promissor talento rubro-negro. Ele fora um dos destaques na conquista do Pré-Olímpico de 1971 (disputado por amadores), mas seu nome não apareceu na lista de convocados para as Olimpíadas de Munique, no ano seguinte. O desgosto causado pelo episódio – no qual a família chegou até a desconfiar de razões políticas – fez com que pensasse seriamente em desistir do futebol.

Mas a frustração ficou para trás e o primeiro ano na seleção foi brilhante, como acontecera no Flamengo. Logo na estreia, Zico fez de falta o gol da vitória contra o Uruguai, em Montevidéu, pela Copa Rio Branco. No jogo de volta, marcou mais um, seu primeiro pelo Brasil no Maracanã, garantindo o título. E viriam outros, todos no mesmo ano, em competições de menor expressão: Torneio Bicentenário dos Estados Unidos, Taça do Atlântico, Copa Roca, Taça Oswaldo Cruz.

O Brasil – campeão também do Mundialito de Cáli, no ano seguinte – se credenciava como um dos favoritos à conquista da Copa do Mundo de 1978, na Argentina, e Zico já tinha status de titular absoluto. Só não usava ainda a camisa 10 porque Rivellino, um dos heróis do tricampeonato no México, era o cara naquele time. Jogando com a 8, acabou decepcionando. O único gol que marcou, contra a Suécia, na primeira fase, foi anulado por implicância do árbitro, o galês Clive Thomas [que resolveu encerrar a partida com a bola indo em sua direção, imediatamente após um escanteio que o lateral brasileiro Nelinho tinha demorado a bater].

No meio da competição, Zico já tinha perdido a vaga de titular para Jorge Mendonça – num time comandado por Cláudio Coutinho, seu técnico no Flamengo. Machucado, sequer participou da disputa do terceiro lugar, e voltou para o Brasil sob desconfiança. A camisa 10 que Pelé passara a Rivellino parecia não ter ainda o herdeiro que todos pensavam.

## Contra o Atlético Mineiro, a conquista do Brasil

Foi logo depois do fracasso de 1978 que começou o período mais brilhante da carreira de Zico. A cabeçada de Rondinelli, naquele mesmo ano, parecia ter dado ao jovem e talentoso time do

Flamengo a confiança de que precisava para desenvolver o futebol vistoso, movido a passes curtos e posse de bola, preconizado por Coutinho. O treinador – que dirigiu o time até 1980 e perdeu a vida num acidente de mergulho no ano seguinte – tinha conceitos avançados para a época, como o ponto futuro [passe ou lançamento direcionado a um local do campo para onde o companheiro ainda iria se projetar] e o *overlapping* [passagem do lateral pelo ponta, surpreendendo a marcação].

Com esse pé na modernidade, o Flamengo conquistou os dois Campeonatos Cariocas disputados em 1979 – é isso mesmo, criatividade de cartola. Os torcedores rivais contestam, mas para os rubro-negros não há dúvidas: foi o terceiro tricampeonato da história do clube. Para Zico, tinha um sabor especial saber que o último tri até então fora conquistado (em 1953, 1954 e 1955) sob o comando de Dida. Ele já tinha superado o ídolo numa marca importante no mesmo ano, ao atingir 245 gols e tomar dele o posto de maior artilheiro da Gávea em todos os tempos.

Faltava ao Flamengo de Zico ganhar projeção nacional. E ela viria em 1980, numa épica final de Campeonato Brasileiro. O adversário era o Atlético-MG, que desde a segunda metade dos anos 1970 tinha um dos melhores times do país, com talentos como Reinaldo, Éder e Toninho Cerezo. Foi de Reinaldo o gol da vitória do Galo na primeira partida, no Mineirão, que terminou em clima tenso: Rondinelli saiu de campo desacordado, atingido no maxilar.

Por ter tido melhor desempenho nas semifinais, o Flamengo precisava apenas vencer a partida de volta, num Maracanã lotado por 154.355 torcedores, para conquistar um inédito título brasileiro. Zico fez um gol aos 44 minutos do primeiro tempo, consolidando-se como o artilheiro do campeonato [com 21] e botando seu time à frente pela segunda vez. Mas os grandes personagens da partida seriam os centroavantes. Reinaldo, mesmo machucado, marcou dois gols, decretando uma igualdade que daria o título ao Atlético. E Nunes, que já abrira o placar, selou a vitória a oito minutos do fim, de forma improvável para quem, como ele, tinha muito mais oportunismo do que habilidade: driblou o zagueiro Silvestre num curto espaço de terreno na entrada da pequena área e tocou na saída do goleiro João Leite.

# A Era Zico

Com a consagração nacional, começava o que mais tarde seria conhecido como a Era Zico. Assim como o Santos vivera a Era Pelé nos anos 1960, a década de 1980 se transformaria na mais vitoriosa da história do Flamengo. O talento daquele time já tinha encantado os europeus em alguns torneios de verão, entre eles o Troféu Ramón de Carranza – conquistado em 1979 com uma vitória sobre um Barcelona comandado por Johan Neeskens, craque da seleção holandesa, e de novo em 1980. Em 1981, chegou a hora de testar o sucesso na Copa Libertadores.

E a primeira fase tinha um duro teste: era preciso fazer mais dois jogos contra o Atlético-MG – adversário da final do Brasileiro. Ambos terminaram empatados pelo mesmo placar (2 a 2), e a vaga teria de ser decidida num desempate em campo neutro, o Estádio Serra Dourada, em Goiás. Com a rivalidade crescente desde o ano anterior, os ânimos estavam acirrados. Ninguém marcou, e a partida terminou com a expulsão de seis jogadores do Galo. O Flamengo só se classificou por decisão de um tribunal.

A estrela de Zico brilharia intensamente na final, contra o até então desconhecido Cobreloa, do Chile. Foram dele os dois gols da vitória por 2 a 1, no Maracanã. Mas numa partida de volta marcada pela violência, no Estádio Nacional de Santiago, a derrota por 1 a 0 forçou mais um desempate em campo neutro. Em Montevidéu, diante de 30.200 torcedores, o camisa 10 teve uma de suas maiores atuações com a camisa rubro-negra. Fez os dois gols – um deles numa de suas especialidades, uma cobrança de falta – que garantiram os 2 a 0 e mais um título inédito.

O Flamengo ganhava assim o direito de ser o primeiro time a decidir no Japão o Mundial Interclubes, como passara, desde o ano anterior, a ser conhecida a Copa Intercontinental. E conquistou um título que até então só um time brasileiro, o Santos de Pelé, tinha conseguido, com uma exibição de gala contra o Liverpool, da Inglaterra. Zico não marcou na goleada de 3 a 0 (dois gols foram de Nunes e um de Adílio), mas foi eleito o melhor em campo.

Terminava assim 1981, o mais glorioso ano da história do Flamengo, que entre a Libertadores e o Mundial ainda conquistou mais uma vez o Campeonato Carioca.

## A tragédia do Sarriá

Foi um Zico campeão da Libertadores e do Mundial e já bicampeão brasileiro – o segundo título fora conquistado no começo do ano, em mais uma disputada final, dessa vez contra o Grêmio, com um gol dele no primeiro jogo e um passe para Nunes marcar no segundo – que chegou à Espanha, em 1982, apontado como o líder de um time de craques que poderia ser capaz de encantar o planeta e conquistar o tetracampeonato na Copa do Mundo. A excursão da seleção treinada por Telê Santana pela Europa, no ano anterior, fora um desfile de futebol bonito, durante o qual Zico marcou o gol número 500 de sua carreira, contra a França, no Parque dos Príncipes.

Diferentemente do que acontecera na Argentina, em 1978, ele vestiu a camisa 10, foi titular absoluto da seleção naquela Copa e fez quatro gols – um deles numa cobrança de falta perfeita, contra a Escócia, e outro num lindo voleio, contra a Nova Zelândia. Teve atuação destacada na partida contra a Argentina, que já tinha no time um dos maiores camisas 10 de todos os tempos, o então jovem Maradona. Fez um gol e deu um passe preciso para Júnior, seu companheiro de Flamengo, fechar a vitória por 3 a 1.

Mas foi justamente no jogo seguinte, contra a Itália, que a seleção que muitos já acreditavam ser capaz de desbancar a de 1970 como a melhor de todos os tempos desmoronou. Zico deu o passe para Sócrates fazer o primeiro gol e poderia ter marcado o seu, mas Serginho, um companheiro de time, não o viu e chutou antes, sem direção. Depois, foi anulado pela forte marcação italiana – chegou a ter a camisa rasgada por Gentile, que anos mais tarde confessaria candidamente ter cometido um pênalti não marcado na jogada.

O Brasil, que só precisava do empate para passar às semifinais, perdeu por 3 a 2. O episódio, que ficou conhecido como a tragédia do Sarriá [em alusão ao nome do estádio], é considerado pelo próprio Zico sua maior frustração no futebol. Mais uma vez, ele saía de uma Copa sob desconfiança. Agora, de não ser capaz de reproduzir na seleção as atuações e as conquistas que obtinha pelo Flamengo.

## Em Údine, um motor de Ferrari num Fusca

De volta ao Brasil, Zico retomou a rotina de vitórias por seu clube, que conquistou o terceiro título do Brasileirão em quatro anos seguidos, batendo o Santos na final. Foi dele – jogando machucado – o primeiro gol, no primeiro minuto da partida de volta, no Maracanã. Depois de uma derrota por 2 a 1 no Morumbi, era preciso vencer em casa, e o placar final de 3 a 0 fez com que o Flamengo se igualasse ao Internacional, até então o único tricampeão brasileiro.

Ainda durante a campanha do tri, o destino de Zico já tinha sido selado: por US$ 4 milhões, quantia recorde à época no Brasil, seu passe foi vendido à Udinese, time da região do Friuli, na fronteira com a Áustria, que ainda não tinha nenhuma tradição no futebol italiano. A negociação surpreendeu os grandes clubes do país e chegou a ser suspensa pela federação – que voltou atrás diante da revolta dos torcedores, que em seus gritos de guerra ameaçavam até levar a região de volta ao domínio austríaco se o jogador não pudesse ser contratado.

Comparado por um jornalista local a um motor de Ferrari dentro de um Fusca, Zico não conseguiu levar a Udinese aos primeiros lugares do Campeonato Italiano. Na primeira temporada, marcou 19 gols, um a menos do que Platini, da Juventus (que jogou seis partidas a mais). No total, foram 57, dos quais 17 em sua especialidade, as cobranças de falta. Programas de TV italianos debatiam sobre como parar as faltas de Zico. Até o fim da carreira ele praticaria o fundamento, permanecendo em campo depois que todos os outros jogadores já tinham ido embora e pendurando uma camisa sobre o travessão, na altura do ângulo, para usar como alvo.

Alguns de seus feitos são lembrados até hoje pelos friulanos, como o gol da primeira vitória da Udinese sobre a Roma de Falcão, então campeã nacional, a quatro minutos do fim do jogo, em 1983; e outro, de bicicleta, num empate de 3 a 3 contra o Milan, no Estádio San Siro. Mas essas alegrias duraram pouco: brigado com os dirigentes, que não reforçaram o time como tinham prometido, e perseguido pelo fisco italiano por causa de um contrato de publicidade assinado legalmente no Brasil, Zico voltou ao Flamengo após duas temporadas. Em 1989, faria no Estádio Comunale del Friuli sua despedida da seleção brasileira, ovacionado e homenageado em faixas pelos torcedores locais.

## O segundo Projeto Zico

O retorno ao Flamengo, ainda no primeiro semestre de 1985, tornou-se possível graças a uma operação comercial batizada de "Projeto Zico" e coordenada pelo então presidente do clube, George Helal. O Brasil vivia na época o auge de uma onda de exportações de craques. Falcão indicara um caminho, logo após a reabertura do mercado italiano, no início dos anos 1980, que seria seguido, em diferentes momentos, por Sócrates, Toninho Cerezo, Júnior... Até ali, no entanto, nenhum jogador de ponta tinha voltado a jogar no país depois de uma aventura na Europa.

A lua de mel com a torcida rubro-negra ainda estava em pleno andamento quando, numa partida contra o Bangu, pouco mais de três meses após a volta, Zico sofreu a pior contusão de sua carreira. Atingido por um golpe desleal de Márcio Nunes – um zagueiro adversário que não seria lembrado no mundo do futebol se não fosse por esse lance –, torceu os dois joelhos e o tornozelo esquerdo, teve uma contusão na cabeça do perônio esquerdo e escoriações profundas na perna direita. Chegou a voltar a jogar 21 dias depois, mas ficou claro que precisaria operar o joelho esquerdo, o mais comprometido. O fim do ano seria dedicado às salas de cirurgia e aos aparelhos de musculação, na luta contra a atrofia. A volta aos campos se daria apenas no início da temporada seguinte.

## A volta por cima para nas mãos do goleiro francês

O Brasil se comovia com o drama da recuperação de Zico em 1986, ano da Copa do Mundo no México. Aos 33 anos, ele queria mostrar que ainda podia ser convocado e ajudar a curar o trauma do Sarriá. A confiança voltou num Fla-Flu, no dia 16 de fevereiro. Zico não apenas entrou em campo contra um rival tradicional, mas foi de novo o camisa 10 que o Flamengo conhecia. Marcou três gols, um deles de falta, numa vitória de 4 a 1 que ajudou o time a conquistar o Campeonato Carioca.

Faltava uma atuação assim pela seleção brasileira para mostrar que era possível ir à Copa. A oportunidade surgiu num amistoso contra a Iugoslávia, no dia 30 de abril. E de novo ele marcou três gols, entre eles um dos mais bonitos de sua carreira, fazendo um ziguezague entre os zagueiros iugoslavos dentro da área. Entrou na lista de convocados de Telê Santana, mas o joelho ainda doía. Viajou para o México em recuperação e não pôde ser titular.

Ficou fora dos três jogos da primeira fase. Saiu do banco de reservas apenas nas oitavas de final, participando sem protagonismo de uma vitória fácil sobre a Polônia. Voltaria no jogo seguinte, pelas quartas, contra a França, substituindo Müller aos 26 minutos do segundo tempo, com o placar em 1 a 1. Dois minutos depois, em sua primeira jogada, lançou para o lateral Branco, que entrou livre na área e foi derrubado pelo goleiro. Pênalti. Sócrates, o cobrador oficial do time, pediu que Zico batesse.

Até hoje ele não sabe explicar por que, mas bem na hora de tocar na bola, resolveu mudar de canto. Batia quase todos os seus pênaltis à esquerda do goleiro. Dessa vez, o chute saiu para a direita, a meia altura, à feição para a defesa do goleiro Bats. É um dos lances mais marcantes da vitoriosa carreira de Zico, o preferido de seus detratores, que gostam de dizer que ele amarelava com a camisa da seleção.

O jogo terminou empatado, foi para a prorrogação e para a disputa de pênaltis. Zico foi um dos cobradores. Nervoso, bateu mais uma vez fora de seu estilo, no meio do gol – mas converteu. Sócrates e Júlio César perderam, e o Brasil foi eliminado. A trajetória de Zico – e de uma das mais brilhantes gerações do futebol brasileiro – em Copas do Mundo chegava ao fim sem um título.


## Uma estátua do outro lado do mundo

Mais uma vez, a decepção de Zico com a seleção foi curada com uma conquista no Flamengo. Em 1987, ainda às voltas com a lesão no joelho – operado de novo, nos Estados Unidos, pouco depois do Mundial –, ele participou da vitoriosa campanha da Copa União, a competição criada pelo Clube dos 13 para ocupar o lugar do Campeonato Brasileiro. Não foi, como nos anos do tricampeonato, o jogador mais efetivo do time. Participou no limite de suas condições físicas, mas precisou ser substituído em quase todas as partidas – na final, contra o Inter, foi chamado de volta ao campo pela torcida após o jogo, para ser aplaudido.

Aquele 13 de dezembro de 1987 poderia ter sido um bom momento para encerrar a carreira. Zico estava em casa, no Maracanã, o estádio do qual ainda hoje é o maior artilheiro, com 333 gols. O time era treinado por Carlinhos, o mesmo que lhe presenteara com as chuteiras 27 anos antes. E ele ainda podia se sentir tetracampeão brasileiro, porque o imbróglio com a CBF – que voltara a assumir o comando do campeonato exigindo um confronto com times de outro módulo, e hoje reconhece o Sport Recife como vencedor daquele ano – não tinha começado. Mas resolveu continuar. Fez mais uma cirurgia (pouco depois da final) e voltou para disputar 25 partidas pelo Flamengo em 1988 e outras 33 em 1989, a última delas uma goleada de 5 a 0 sobre o Fluminense, em Juiz de Fora, na qual marcou um gol de falta.

O adeus ao time que o consagrou foi dado no Maracanã, no dia 6 de fevereiro de 1990, num amistoso contra uma seleção de amigos. Havia trocado as chuteiras pelos ternos, para ser Ministro do Esporte do governo de Fernando Collor de Mello. Naquele mesmo ano, o técnico da seleção brasileira, Sebastião Lazaroni, chegou a conversar com o craque recém-aposentado sobre a possibilidade de ele disputar a Copa da Itália.

Mas a última volta de Zico aos gramados se daria por outro motivo: ajudar a difundir o futebol no Japão. Em 1991, já fora do governo, aceitou o convite de um time da segunda divisão do país, o Sumitomo Metals, que comandado por ele dentro e fora de campo transformou-se no Kashima Antlers, um dos mais poderosos clubes japoneses. Já veterano, somou alguns gols de antologia (como um de chilena, encobrindo o goleiro) à sua impressionante coleção – foram 826 em toda a carreira, 516 deles em jogos oficiais.

A última partida de Zico foi disputada pelo Kashima no dia 10 de outubro de 1994. Poucos meses antes, a seleção brasileira, já sem ele em duas Copas, tinha finalmente se tornado tetracampeã mundial. O Galinho de Quintino não conquistou o planeta com a camisa amarela, mas a trajetória que começara nas quadras de cimento do subúrbio carioca terminou com uma estátua construída em sua homenagem do outro lado do mundo – em tamanho natural, em frente à sede do time que ele ajudou a projetar. Em vermelho e preto, o nome de Arthur Antunes Coimbra ficou gravado para sempre na história de um clube, no coração de uma torcida.

ENTREVISTA
# JÚNIOR

"Foi uma responsabilidade muito grande seguir sem ele. Tínhamos estilos diferentes que se completavam."

O fantástico time do Flamengo dos anos 1980 tinha talento de sobra no meio de campo e nas laterais. Quando a marcação apertava sobre Zico, ele podia contar com dois grandes jogadores – e dois grandes amigos – esperando por um passe na beira do campo. Pela direita, Leandro; pela esquerda, Júnior. Os dois foram com o camisa 10 para uma das seleções mais queridas de todos os tempos, e com ele viveram a decepção da perda da Copa de 1982. No fim da carreira, coube a um deles migrar para o meio e conduzir um renovado time rubro-negro a seu primeiro título depois da era Zico.

Leovegildo Lins Gama Júnior tinha talento de sobra para isso. Nascido na Paraíba, criou-se no Rio de Janeiro e surgiu para o futebol na areia de Copacabana, onde defendia o Juventus nos campeonatos de futebol de praia. Quis ser meia no Botafogo, mas não encontrou espaço porque nos juvenis já havia um camisa 10 chamado Mendonça. Mudou primeiro para a lateral e depois para o Flamengo. Assim começava a história de um dos melhores jogadores do mundo na posição.

Quando se transferiu para o futebol italiano, pôde finalmente jogar onde queria no início da carreira. Voltou ao Flamengo quando Zico se aposentava. Não quis receber dele a camisa 10, porque sua pele rubro-negra há muito já estava estampada com a 5. Mas foi líder como o velho amigo na vitoriosa campanha do Brasileiro de 1992. O Capacete, como foi chamado ao longo de boa parte da carreira por causa do cabelo *black power* que usava na juventude, encerraria sua passagem pelo futebol como o Maestro.

*É difícil imaginar você e Zico separados. Essa amizade começou no Flamengo?*
Nós nos conhecemos jogando futebol de salão, no ano em que ele começou no Flamengo. Eu tinha 13 anos e jogava no Sírio Libanês. Disputávamos alguns campeonatos contra times que não tinham jogadores federados. Um deles era do pai do Amarildo, o Possesso da Copa de 1962. O Zico chegou com eles. Ainda era conhecido como irmão do Antunes, o mais velho. Era magrinho ainda, mas jogou pra caramba! Depois, quando subi dos juvenis, no Flamengo, ele já estava no time profissional.

*Vocês já se enfrentaram alguma vez?*
Tivemos a chance na Itália. Eu jogava pelo Torino no ano em que ele chegou à Udinese. Mas não aconteceu, não. No primeiro turno, ele estava machucado. No segundo, eu tinha quebrado a costela.

*Você conheceu o Zico como irmão do Antunes. Ele sempre foi muito ligado à família?*
Era muito apegado ao Antunes. Tinha o mesmo pensamento. O Edu era mais filósofo, gostava de jogadas bonitas. Com o Zeca, como eles chamavam o mais velho, era assim: o objetivo do futebol é gol, então vamos fazer. Mesmo os gols mais bonitos do Zico eram resultado de muito treino. Sabe aquele famoso, pelo Kashima? [O gol com um toque de calcanhar que fez a bola passar sobre o próprio corpo, num salto.] Eu o tinha visto fazer um igualzinho, num jogo de futebol de areia nos Estados Unidos. Quando vi o lance na televisão, sabia que ele tinha treinado.

Zico mostra a marca da tragédia do Sarriá: a camisa rasgada por Gentile.

Júnior corre para abraçar Zico e festejar um gol: cena comum no Flamengo.

*A imprensa sempre publicou que Zico era o último a sair dos treinos, principalmente para praticar cobranças de falta...*
Mas não eram só faltas, não. Ele ficava repetindo situações de gol. O Zico sempre foi um cara com um profundo conhecimento de futebol. Cresceu com o futebol em casa. Até hoje é um cara muito detalhista, percebe coisas em campo que ninguém mais vê.

*E ele levava essa seriedade toda para dentro de campo?*
O Zico era líder sem gritar. Liderava pelo exemplo, mas também apontava esses detalhes que só ele enxergava; gostava de conversar. Só de vez em quando é que a veia pulava... Principalmente quando apanhava. Era difícil parar um cara como ele, muito veloz, com habilidade e vontade de vencer, e muitas vezes os adversários apelavam. Aí ele vinha lá da frente e gritava para nós: "Os caras estão me batendo! Vocês vão ficar aí pegando leve?"

*O goleiro Raul Plassmann gosta de contar uma história. Quando ele não pulava numa bola, Zico gritava, chamando-o pelo apelido: "Ô, Véio! Se é para ficar parado, vou eu aí." Ele era exigente assim com os companheiros?*
Com o Raul era mais brincadeira. Ele e o Carpegiani foram os nossos irmãos mais velhos. Era difícil o Zico se exaltar com um companheiro. Num jogo contra o Sampaio Correia, houve uma disputa na área e o Baltazar, nosso centroavante, chutou a bola e o pé do Zico, tudo junto. Mas nem se desculpou e saiu comemorando o gol. O Galo foi atrás dele gritando: "É assim, é? Seu egoísta!" Mas depois do jogo acabou pedindo desculpas. Ele não ficava mal com ninguém.

*E fora de campo, era essa seriedade toda também?*
Que nada! O Zico sempre foi um cara safo, contador de piada. A pegadinha que ele mais gostava de fazer era usar um transmissor do Niélsen na concentração para fingir que era rádio. Ele ia para outra sala e simulava uma entrevista falando as maiores barbaridades. Fez isso até com o Moisés, que era um xerifão. Certa vez, o Niélsen se fingiu de repórter, e o Zico ficou dizendo: "Não sei por que contrataram esse cara, é um botinudo, só sabe dar pancada...".

*Zico é um dos jogadores mais conhecidos do Brasil e do mundo. Tem
alguma coisa sobre ele que a gente não saiba?*
Talvez... Ele adora festa junina. Se veste de caipira, organiza
casamento, dança das cadeiras... Parece uma criança no carrossel.

*E mágoa, ele guarda alguma? Zico teve uma carreira vitoriosa, mas com
muitos obstáculos que tiveram de ser superados, como a perda das Copas e
a lesão nos joelhos. Ele chegou a reclamar de tudo isso?*
Quando acabou a Copa de 1986, eu, ele, Edinho e Sócrates fomos
jantar com nossas mulheres. Falamos de tudo, menos de futebol.
Não havia mais nada a ser dito sobre isso. Eu e ele já chegamos
a comentar que nossa geração não estava predestinada a ganhar
uma Copa. Mas uma das grandes virtudes do Zico é pensar que o
que passou, passou. Da entrada do Márcio Nunes, a única mágoa
que ficou foi a de que parece ter sido um negócio premeditado. O
Mozer queria pegar o cara. Eu não teria freado.

*Você sempre foi mais esquentado. Como foi substituir um líder como o Zico?*
Nós nos reencontramos em 1989, no jogo do Bujica [Flamengo 2 a
o no Vasco, dois gols do estreante]. Achei que não íamos mais jogar
juntos, mas estive ao lado dele até o último jogo, o Fla-Flu de Juiz
de Fora. Foi uma responsabilidade muito grande seguir sem ele.
Tínhamos estilos diferentes que se completavam. Ele era o capitão
da faixa, eu era o capitão do grito.

CAPÍTULO 7 **RAÍ**

Ele se recusou a ser
apenas o irmão de Sócrates.
Foi ídolo no São Paulo,
campeão mundial com
a seleção, brilhou na França
e fugiu do estereótipo
do jogador de futebol.

Raí Souza Vieira de Oliveira deveria ter sido batizado de Xenofonte. O pai, seu Raimundo, era fã dos filósofos gregos e já os homenageara nas certidões de nascimento dos três primeiros filhos: Sócrates, Sófocles e Sóstenes. Foi a mãe, dona Guiomar, que se cansou da brincadeira e acabou impedindo que as camisas do São Paulo, do Paris Saint-Germain e da seleção brasileira tivessem um nome tão esquisito sobre o número 10 – sem querer ofender a algum Xenofonte que venha a ler este livro.

Embora tenha se livrado de ser uma homenagem viva a um ex-soldado e ex-mercenário ateniense que foi discípulo de Sócrates (o filósofo), Raí levou boa parte da carreira para sair da sombra do irmão Sócrates. Aprender filosofia com o autor da famosa frase "Só sei que nada sei", que acabou condenado a tomar cicuta, provavelmente teria sido mais difícil. Mas crescer como jogador de futebol sendo comparado a um meia que fez carreira no Corinthians e disputou as Copas do Mundo de 1982 e 1986 pela seleção brasileira também teve lá seus desafios.

Os estilos eram diferentes, as posições também – o Doutor, como o filho mais velho de seu Raimundo ficou conhecido por ter sido estudante de medicina, e não de filosofia, ficou fora da seleção deste livro porque jogava numa faixa do campo mais próxima da camisa 8. Mas o caçula sempre teve de enfrentar a desconfiança de quem achava que a mesma família não seria capaz de revelar dois jogadores de ponta. E Sócrates, o irmão, era também uma figura pública atuante, líder da Democracia Corintiana, defensor das eleições diretas... Qualquer coisa mais discreta do que isso poderia ser considerada um fracasso.

Mas Raí parece ter ouvido o conselho de Sócrates, o filósofo: "conhece-te a ti mesmo". Ao longo de uma vitoriosa carreira, preocupou-se apenas com seu próprio desenvolvimento, criou uma identidade própria e conquistou (com o perdão da comparação) mais títulos do que o irmão.

## Em sete anos, das peladas de basquete à seleção

Raí jogava bola na rua e na escola. Na verdade, preferia até outra bola nas quadras do Colégio Marista, onde era um bom peladeiro de basquete. Um dia, um amigo o chamou para fazer um teste – de futebol – no Botafogo, um dos principais clubes de Ribeirão Preto, cidade onde nascera e morava. Meio de farra, ele foi. E como você está lendo o perfil de Raí Souza Vieira de Oliveira neste livro, é claro que passou.

Era também o time em que Sócrates tinha começado a carreira. Mas o irmão, 11 anos mais velho, já estava no Corinthians e não teve influência alguma no teste, na aprovação e na contratação – a não ser, talvez, por já ter amaciado seu Raimundo, que no início não via com bons olhos a carreira de jogador de futebol. [Conta a lenda familiar que um dia o pai deixou o filho mais velho no cursinho e foi assistir a um jogo do Botafogo. Quando o torcedor Raimundo olhou da arquibancada para o campo, viu o jogador Sócrates. Não teve como evitar a escalação, mas esperou a partida acabar para passar-lhe uma bela descompostura.]

Raí jamais precisou passar por uma cena como essa. Mas também, lá no início, não levava o futebol tão a sério assim. Quando tinha 13 anos, fez uma dedicatória num guardanapo e pediu ao amigo Marcos Guilhermino que a guardasse, porque um dia valeria muito – só que era pura brincadeira de criança. Chegava atrasado aos treinos, ia apenas uma vez por semana... Mesmo assim, seu talento fez com que o clube continuasse investindo nele. O meia esguio que chegou ao Botafogo com 15 anos de idade ganhou seu primeiro contrato como profissional aos 18.

E não demorou para que chamasse a atenção de outros clubes. Em 1986, foi emprestado à Ponte Preta para disputar o Campeonato Brasileiro. Não teve uma boa passagem. Sempre às voltas com lesões, disputou apenas dez partidas e marcou uma única vez, numa goleada de 4 a 0 sobre o Sergipe. No ano seguinte, voltou para casa e conseguiu se destacar: fez quatro gols na boa campanha do Botafogo no

Campeonato Paulista e botou seu nome de vez na vitrine do futebol brasileiro. Ainda em 1987, estaria no São Paulo e na seleção.

## Com a camisa amarela, o primeiro título

Nem Sócrates tinha conseguido chegar à seleção jogando pelo Botafogo de Ribeirão Preto. Os dois, aliás, estiveram separados por uma convocação: o caçula entrou na primeira lista divulgada depois da Copa do Mundo de 1986, no México, competição em que o irmão mais velho perdera um pênalti no jogo da eliminação, contra a França.

E Raí foi titular – num time que já não tinha os veteranos da Copa de 1982, mas cuja base era formada por alguns dos titulares de 1986 – desde o período de preparação. Estreou em Wembley, saindo do banco num empate com a Inglaterra, e marcou seu primeiro gol numa vitória sobre a Escócia, ambos pela Taça Stanley Rous. Nem mesmo o vexame da eliminação na primeira fase da Copa América daquele ano, no Chile [com uma goleada a favor, 5 a 0 sobre a Venezuela, e outra contra, 4 a 0 para os donos da casa], serviu para abalar o prestígio do então camisa 8.

Pouco mais de um mês depois do fracasso no Chile, ele chegava a Indianápolis, nos Estados Unidos, para disputar o Pan-Americano. O grande destaque daquela edição foi a seleção masculina de basquete, de Oscar, Marcel & Cia., que venceu os Estados Unidos numa final histórica. Mas o futebol também trouxe o ouro, com um time que contava com alguns futuros tetracampeões mundiais e outros jogadores que se destacariam com a camisa amarela nos anos seguintes: Taffarel, Ricardo Rocha, Ricardo Gomes, Valdo e Careca subiram ao pódio. Com eles, Raí, que usou a 16, conquistava seu primeiro título como profissional.

O Corinthians se interessou por aquele jogador jovem e alto, de passadas largas, bom batedor de faltas, que atuava perto da área. Mas o São Paulo foi mais rápido e contratou Raí para disputar o Campeonato Brasileiro de 1987.

## Um começo difícil no São Paulo

Logo na chegada, Raí percebeu que precisaria de tempo para se firmar no São Paulo. Por causa de uma lesão na coxa direita, ficou três meses parado antes de finalmente conseguir estrear, já na última rodada do primeiro turno do Brasileirão, uma derrota de 1 a 0 para o Grêmio. Duas partidas depois, faria seu primeiro gol, numa vitória (2 a 0) sobre o Goiás.

A primeira conquista foi o Campeonato Paulista de 1989. Comandado por Carlos Alberto Silva, o técnico que o levara à seleção brasileira, Raí foi titular na partida final, jogando ao lado de Bobô no meio de campo contra o São José, uma das surpresas da competição. Mas não deixou sua marca: o título foi garantido com um 0 a 0, que era suficiente graças à vitória por 1 a 0, com gol contra, no jogo de ida.

No cenário nacional, era o começo de anos difíceis para o Tricolor, campeão brasileiro de 1986. Já sem Careca, que se transferira para a Itália, o time começava um processo de reconstrução que passaria pela eliminação na primeira fase em 1987-88 e pelos vice-campeonatos de 1989-90. Nem Raí nem o São Paulo fizeram um gol sequer nas partidas decisivas desses dois campeonatos.

Em 1989, o Vasco venceu por 1 a 0 no Morumbi, e eliminou a necessidade de um segundo jogo, porque tinha a melhor campanha. Em 1990, mais duas derrotas pelo mesmo placar, dessa vez para o Corinthians de Neto. Na segunda, Raí deixaria a partida antes do fim, substituído por Marcelo Conti. Estava longe de ser uma unanimidade – seu nome, naquele mesmo ano, seria citado numa negociação com o Flamengo, mas quem acabou saindo foi Bobô.

A jovem promessa ainda não tinha encontrado sua vocação de goleador. Até a chegada de Telê Santana, que assumiu o cargo de treinador em outubro de 1990, marcara apenas 26 gols. Com Telê, ganhou de vez a camisa 10, tornou-se capitão do time e mudou sua forma de jogar. Só em 1991, fez 28 gols – mais do que a soma dos anos anteriores. Foi artilheiro do Campeonato Paulista, marcando 20 vezes, e passou a ser o maior goleador do time em várias competições: Brasileiro de 1991-92, Paulista de 1991-93 e Libertadores de 1993.

## A era de vitórias começa com Telê

Com Telê, vieram não apenas gols, mas títulos. Depois da perda do Campeonato Brasileiro de 1990 (já sob o comando do treinador), começou a fase mais vitoriosa da história do São Paulo. E Raí se tornaria o principal nome de um time que tinha Zetti, Cafu, Müller... Na final do Campeonato Paulista do ano seguinte – uma revanche contra o Corinthians –, foram dele os três gols que garantiram o título, ainda na partida de ida. Um deles num lance daqueles de marcar um jogador na memória do torcedor: um chutaço de fora da área, no ângulo do goleiro Ronaldo.

A saga vencedora continuou no Brasileirão daquele ano. O novo capitão fez sete gols na campanha do São Paulo, que superou na final o surpreendente Bragantino, time do interior paulista que era treinado por Carlos Alberto Parreira e tinha eliminado o Fluminense na semifinal, com uma vitória no Maracanã. Na decisão, quem marcou foi Mário Tilico, fazendo 1 a 0 e estabelecendo a vantagem do empate para o jogo de volta, em Bragança Paulista. Foi com um 0 a 0 e o menor público da história das finais da competição (12.492 espectadores) que o Tricolor conquistou seu terceiro título nacional, o primeiro de Raí.

O resultado levou o São Paulo em 1992 de volta à Libertadores – competição que o clube disputara sem sucesso nos anos anteriores. Um gol marcado por Raí, de pênalti, na segunda partida da final contra o Newell's Old Boys, da Argentina, levou a decisão para outros pênaltis, os do desempate. E coube a ele bater e converter o primeiro da série, fechada com uma defesa de Zetti.

Pelas mãos de um camisa 10 que se afirmava como craque e líder de um grande time, era erguida no Morumbi uma taça que só mais um clube paulista [o Santos de Pelé] conhecia até então.

## Dois gols para conquistar o mundo

A vitória na Libertadores dava a Telê Santana, que sofrera duas frustrações com a seleção brasileira nas Copas de 1982 e 1986, a chance de conquistar um título mundial – agora, o Interclubes, disputado em jogo único contra o Barcelona, no Japão. Mas havia muito ceticismo entre torcedores e jornalistas quanto à possibilidade de derrotar o poderoso time europeu, comandado pelo lendário Johan Cruyff e com jogadores badalados como o holandês Koeman, o dinamarquês Michael Laudrup e o búlgaro Stoichkov – que abriu o placar. A desconfiança ainda estava no ar quando Raí empatou, num lance curioso, em que empurrou a bola com a barriga. E só foi por terra com uma incrível cobrança de falta no segundo tempo.

O gol que até hoje é considerado um dos mais importantes da história tricolor nasceu de uma jogada exaustivamente ensaiada. Era ideia de Telê Santana: em vez de bater a falta diretamente para o gol, rolar a bola para um companheiro encarregado de pisar nela e só então chutar, mas mudando a direção. É que o goleiro normalmente espera a cobrança no canto oposto ao dele, por cima da barreira. A rolada faz com que ele dê o primeiro passo para o lado e não tenha tempo de perceber o desvio de rota.

Aos 34 minutos do segundo tempo, tudo saiu exatamente como planejado. Raí rolou, Cafu escorou, Raí mudou o canto e o goleiro Zubizarreta, que já tinha dado o tal passo, não conseguiu voltar. São Paulo 2 a 1, campeão mundial. Até mesmo a comemoração foi ensaiada: o autor do gol já tinha pensado em correr para o banco e abraçar seu mestre, num desagravo ao que ele sofrera em duas Copas.

O ano de 1992, inesquecível para a torcida do São Paulo, terminou com mais um título: o bicampeonato paulista. A final, contra o Palmeiras, teve um jogo antes e outro depois do Mundial. Logo após vencerem o de ida por 4 a 2, com três gols de Raí, os jogadores tricolores seguiram para o aeroporto de Cumbica, para fazer o *check-in* da viagem ao Japão. O de volta deu um pouquinho mais de tempo aos campeões mundiais: foi disputado uma semana depois da vitória sobre o Barcelona.

Raí não marcou na segunda partida [que terminou 2 a 1 para seu time], mas deixou uma cena gravada na memória dos são-paulinos. Sem temer o efeito da viagem sobre os jogadores, eles eram maioria entre os 111 mil torcedores no Morumbi. Queriam comemorar o título conquistado no Japão e acabaram ganhando outro de presente. Com o troféu nas mãos, o capitão subiu no escudo do São Paulo que ornamenta um dos lados do campo e, ao ouvir os gritos de "Fica! Fica!" – porque já não era segredo para ninguém que ele jogaria a temporada seguinte no futebol europeu –, atirou sua camisa na direção da geral.

## Antes da Europa, a América – de novo

Raí não ficou, mas o São Paulo ganhou tempo. Apesar do interesse de grandes clubes espanhóis, como Barcelona e Atlético de Madrid, o jogador escolheu a França como seu destino na Europa. A negociação com o Paris Saint-Germain (PSG), um dos clubes de maior torcida no país, foi fechada no início de 1993, por US$ 4,6 milhões. O PSG, no entanto, permitiu que ele permanecesse no Brasil durante o primeiro semestre. Foi o suficiente para conquistar mais um título continental, o da Copa Libertadores daquele ano.

Por ser o campeão da edição anterior, o São Paulo não precisou disputar a fase de grupos. Entrou direto nas oitavas de final e já foi recebido com um presente de grego: reeditar a final de 1992, contra o

Newell's Old Boys. A partida de ida deixou claro que a missão seria espinhosa: derrota de 2 a 0. No Morumbi, Raí devolveu os dois gols sofridos na Argentina, contribuindo com a goleada de 4 a 0 que valeu a classificação.

O camisa 10 não marcou nas quartas, contra o Flamengo. Mas foi dele o único gol dos dois jogos da semifinal contra o Cerro Porteño, do Paraguai.

Assim como a série contra o Cerro, a final, contra o Universidad Católica, do Chile, teria o segundo jogo fora de casa. Era preciso liquidar a fatura no Morumbi, com um resultado melhor do que o magro 1 a 0 conquistado contra os paraguaios. E o São Paulo levou a tarefa a sério: Raí fez um dos gols na vitória de 5 a 1, a maior da história das finais da competição. Levando tamanho saldo na bagagem, o Tricolor se deu ao luxo de perder por 2 a 0 em Santiago e ainda assim festejar o título.

Em sua despedida, o capitão Raí levantava outra taça. Deixava o São Paulo como o único time brasileiro, além do Santos, a conquistar duas vezes a Libertadores – e em dois anos seguidos, como o time de Pelé.

## Na França, conquistas dentro e fora de campo

A primeira temporada de Raí no PSG foi de adaptação. Não que tenham faltado bons momentos: a recepção da torcida foi calorosa, e ele fez seu primeiro gol logo na estreia – o único de uma vitória sobre o Montpellier. Mas não se afirmou de cara como protagonista. Era comum ser substituído, e começou algumas partidas no banco de reservas. No Brasil, a situação causava preocupação: o camisa 10 da seleção brasileira poderia estar perdendo a forma às vésperas da Copa do Mundo dos Estados Unidos. Falava-se até de um possível retorno ao São Paulo.

Mas foi justamente no ano do Mundial que as coisas começaram a mudar. Luis Fernández, ex-jogador da seleção francesa que enfrentara Sócrates no Mundial de 1986, substituiu o português Artur Jorge como técnico – e tinha uma nova visão sobre o posicionamento do meia. Livre para jogar como um verdadeiro camisa 10, articulando as jogadas no meio de campo e às vezes apresentando-se como um terceiro atacante, Raí tornou-se peça fundamental na recuperação do psg, que saiu da sexta posição para ser o campeão da temporada 1993-94.

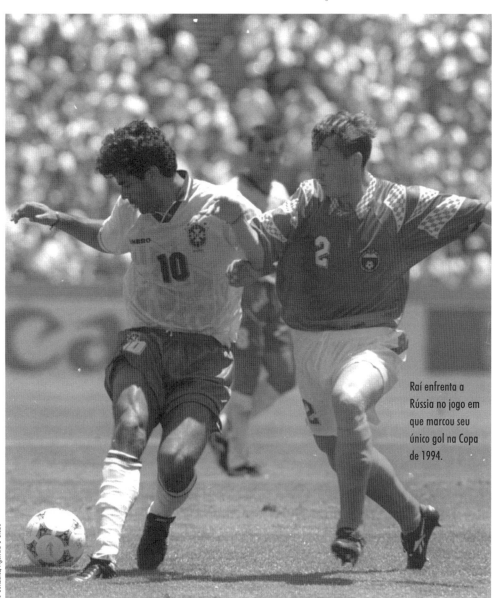

Raí enfrenta a Rússia no jogo em que marcou seu único gol na Copa de 1994.

Além desse título – o segundo e até hoje o último da história de um dos times mais tradicionais do país no Campeonato Francês –, Raí faria parte das conquistas da Copa da Liga da França (1995 e 1998), da Copa da França (1993, 1995 e 1998) e de um inédito triunfo continental para o PSG, na Recopa Europeia (1996). Sua passagem pela França, que começara sob desconfiança, terminaria não apenas recheada de títulos, mas também com muitas conquistas fora de campo: desde o início da carreira um jogador distante do estereótipo, interessado em temas como arte e moda, ele trouxe de Paris uma grande bagagem de desenvolvimento pessoal.

## Barrado, mas campeão do mundo

No ano em que chegou ao PSG, Raí disputou as Eliminatórias da Copa do Mundo pela seleção brasileira. O time montado por Carlos Alberto Parreira manteve a base do que fracassara no Mundial da Itália, mas sem o terceiro zagueiro que caracterizara a passagem de Sebastião Lazaroni pelo cargo de treinador. Com isso, o quarto homem de meio de campo voltava a ter sua função original, e abria-se vaga para um camisa 10 de ofício. Não havia grandes opções no futebol brasileiro. Neto, prestes a começar a fase descendente da carreira, e Rivaldo, que ainda não tinha começado sua fase ascendente, foram testados, mas Parreira não voltou a convocá-los. Outros concorrentes, como Palhinha e Edílson, também não chegaram a ameaçar. Em campo, ele respondia com gols: fez três nos seis jogos da seleção, um contra cada adversário do grupo (Uruguai, Bolívia e Venezuela).

Raí chegou aos Estados Unidos como titular absoluto, usando a camisa 10 e a faixa de capitão. Mas o sonho de comandar a seleção numa Copa do Mundo durou apenas a primeira fase. Fez um gol de pênalti na partida de estreia, contra a Rússia, fechando a vitória de 2 a 0, mas sua atuação não agradou. Ainda foi titular contra Camarões e Suécia, até perder definitivamente a vaga para Mazinho – um lateral transformado em volante – na primeira partida eliminatória, contra os Estados Unidos.

Passou a faixa de capitão para outro volante, Dunga. Jogou apenas mais nove minutos da partida de quartas de final, contra a Holanda, e o segundo tempo da semifinal, diante da Suécia. Assistiu do banco ao empate de o a o na final, com a Itália, e à disputa de pênaltis que deu o tetracampeonato mundial ao Brasil.

Poderia ter voltado frustrado ou criado caso lá mesmo, mas manteve uma postura elegante e disciplinada. E reagiu com a mesma classe até mesmo quando viveu a decepção de ser vaiado com a camisa amarela, num Maracanã lotado – justamente quando tentava voltar à seleção e disputar mais uma Copa. Foi num amistoso contra a Argentina, em 1998. Os torcedores cariocas gritaram "Raí, pede pra sair!", e o técnico Zagallo atendeu ao pedido.

Terminava ali uma carreira de 51 jogos e 16 gols pela seleção.

## Mais um título no adeus
## ao São Paulo

No São Paulo, Raí teria uma despedida muito mais digna. Cinco anos depois de ter partido para a Europa, escolheu o clube que o colocou no mapa do futebol mundial como seu destino na volta ao Brasil. E chegou com ares de herói. Desembarcou na capital paulista na manhã do dia 10 de maio de 1998. À tarde, estava no Morumbi, de uniforme tricolor, esperando o apito inicial da segunda partida contra o Corinthians – que vencera a primeira por 2 a 1 e tinha a vantagem do empate – pela final do Campeonato Paulista. Fez um gol de cabeça que abriu a vitória de 3 a 1 e levantou a taça poucas horas depois de ter passado pela alfândega.

Era também uma vitória da diretoria do São Paulo, que agira com eficiência nos bastidores para garantir sua escalação na partida – o PSG só aceitara liberá-lo depois da última rodada do Campeonato Francês, e por isso ele perdera o jogo de ida. Mas a lua de mel entre a torcida e seu ídolo reconquistado seria interrompida ainda naquele ano. No dia 9 de agosto, já jogando pelo Campeonato Brasileiro, Raí sofreu uma dura entrada do zagueiro Wilson Gottardo e rompeu os ligamentos do tornozelo.

Ficou mais de um ano parado – numa época em que a medicina esportiva tinha avançado e o São Paulo já despontava como um dos clubes de ponta no setor, para se ter uma ideia da gravidade da lesão. E mesmo quando voltou, precisou de boa parte do Campeonato Brasileiro de 1999 para recuperar a forma. Passou quase toda a competição na reserva e fez apenas três gols – o último deles na derrota de 3 a 2 para o Corinthians [que acabaria campeão], no jogo de ida das semifinais. Ele ainda não sabia, mas a partida de volta – outra derrota, por 2 a 1 – seria a sua última por uma edição do Brasileirão.

O fim da carreira de Raí não se arrastou por anos de improdutividade em clubes cada vez menores, como é comum acontecer com jogadores brasileiros. Em 2000, ele começou a perceber que teria dificuldades cada vez maiores para manter a forma física que lhe permitira imprimir seu estilo de jogo. E deu adeus ao futebol naquele mesmo ano, ainda jogando pelo São Paulo. Ainda teve o prazer de conquistar mais um título paulista, embora tenha marcado apenas um gol na competição – contra o Botafogo de Ribeirão Preto, clube que o revelou. Foi titular nos dois jogos da final, contra o Santos, em ambos deixando o campo a poucos minutos do fim para a entrada do jovem Fabiano. No de volta, viu o goleiro Rogério Ceni, um jovem reserva nos tempos em que ele comandava o time no bi da Libertadores e no Mundial do Japão, marcar de falta um dos gols do empate em 2 a 2. Era a hora de passar o bastão.

Raí fez seu último gol como profissional num clássico: vitória de 3 a 2 sobre o Palmeiras, na Copa do Brasil. Seu último jogo foi uma derrota: 3 a 1 para o Sport Recife, em João Pessoa, resultado que tirou o São Paulo da final da Copa dos Campeões. Poderia ter dado adeus com mais um título. Mas disse que preferia atender a um pedido da mãe, dona Guiomar, que já não queria mais aquela vida de viagens, concentrações e lesões para o filho de 35 anos – que se casara aos 17 e já lhe dera uma bisneta. Saiu de campo como tinha entrado. Elegante, discreto e muito distante do estereótipo do jogador de futebol.

ENTREVISTA
# LEONARDO

## "Tem uma serenidade, um modo de ser pacato, mas com grande estilo, grande classe."

A carreira de Leonardo Nascimento de Araújo é pontuada de interseções com alguns dos camisas 10 perfilados neste livro. Desde o início: em 1987, o garoto que viera de Niterói foi lançado no time principal do Flamengo que disputava a Copa União. Com apenas 17 anos, Leonardo, rubro-negro desde a infância, se viu em campo ao lado de seu ídolo, Zico. Abraçado a ele, chorou, ao comemorar um gol importante contra o Santa Cruz, na campanha que terminaria com o título da competição.

Quando Zico se despediu do Flamengo, em 1990, Leonardo parecia já ter se firmado no time como um dos novos nomes que teriam a responsabilidade de suceder a geração campeã do mundo [Jorginho, Aldair e Zinho, que conquistariam o tetra com a seleção em 1994, eram da mesma safra]. Mas, após mais um título – o da Copa do Brasil daquele ano –, foi surpreendentemente incluído numa troca por empréstimo com o São Paulo: foram ele e Alcindo, vieram Nelsinho e Bobô.

Começava então sua relação com Raí, que justamente naquele ano se firmava como líder de um grande time tricolor. Dentro de campo, conquistaram títulos no São Paulo, no PSG, onde Leonardo se juntou ao companheiro depois de uma passagem pelo Sevilha, da Espanha, e outra pelo Kashima Antlers, do Japão, e na seleção brasileira, que defenderam juntos na campanha do tetra. Fora dele, firmaram uma amizade que se estende até hoje. Com a carreira encerrada, Leonardo e Raí cumpriram uma promessa que se faziam nas conversas em concentrações: criaram e dirigem a Fundação Gol de Letra, que há dez

Leonardo e Raí na seleção: uma amizade nascida na concentração e consolidada no campo.

anos desenvolve programas de educação integral que hoje atingem 1.200 crianças em São Paulo e Niterói. A iniciativa ganhou o reconhecimento da Unesco.

Leonardo deu esta entrevista, por telefone, um dia depois de receber Raí numa visita a Milão, onde hoje é técnico do Milan. Foi no clube italiano que ele encerrou a carreira de jogador. Lá, tornou-se primeiro dirigente e atuou decisivamente na contratação e na adaptação de Kaká. Agora, dirige Ronaldinho Gaúcho num time que causou desconfiança no início, mas que acabou merecendo elogios da imprensa italiana pela "levada Telê Santana" – estilo ofensivo inspirado no técnico dos melhores momentos de Leonardo e Raí no São Paulo.

*Quando você chegou ao São Paulo, já sabia que teria a seu lado um camisa 10 com potencial para ganhar um perfil neste livro?*
Raí estava chegando do Botafogo de Ribeirão Preto. Ainda não tinha estourado, mas todos já sabiam que tinha sido uma grande contratação. Foi conquistando espaço com seu modo de ser e de jogar, crescendo devagarinho. Só faltava dar um salto de qualidade.

*E o responsável por esse salto foi Telê Santana?*
Sem dúvida. Telê trabalhou muito na parte da confiança, mas o principal é que fez Raí ser constante. Para ser o cara, você precisa ter atuações decisivas com frequência. E o Telê dedicou uma atenção especial a isso.

*A amizade de vocês começou dentro ou fora de campo?*
Dividimos o quarto pela primeira vez numa excursão de fim de ano ao México, e ali ficou claro que tínhamos muitas semelhanças. Foram dez anos de conversas em concentrações, no São Paulo, no PSG, na seleção… Ficamos muito amigos. Mas o jogo também acaba influenciando. Fizemos muitos gols juntos.

*A criação da Fundação Gol de Letra é resultado dessas conversas nas concentrações?*

Tem um marco nessa história. O centro de treinamento do São Paulo foi construído ao lado de um terreno baldio, e ali acompanhamos o nascimento de uma comunidade. O filho da nossa cozinheira, que depois virou roupeiro do clube, morava lá. Vimos o lugar crescer; cada dia surgia uma coisa nova, sempre sem estrutura, sem apoio, sem a atenção das autoridades. Acabou virando o símbolo de uma situação que já discutíamos, e consolidou nossa vontade de fazer alguma coisa.

*Enquanto isso, dentro de campo, a parceria se consolidava com vitórias...*
Aquele São Paulo era especial. Nunca joguei num time em que tinha tanta certeza da vitória. Fizemos uns cem jogos entre 1990 e 1991 e não me lembro de quantos perdemos. E o Raí se firmava nesse crescimento. Ao longo daquela campanha, foi se transformando em goleador.

*O entrosamento que vocês desenvolveram nessa época certamente foi muito importante para o sucesso no PSG. Mas Raí teve um começo difícil na França...*
Quando cheguei, ele estava no início da nova fase, de afirmação. Brincava muito com ele: "Tive de vir para cá para te consagrar". O Raí fez muitos gols com passes meus. Além do conhecimento que tínhamos dentro de campo, a amizade que desenvolvemos no São Paulo foi muito importante para nosso sucesso no PSG.

*Por que Raí não conseguiu repetir na seleção o sucesso que teve no São Paulo e no PSG? Embora tenha participado da campanha do tetra, ele foi barrado na segunda fase...*
O Raí chegou aos Estados Unidos sob muita pressão. Durante as Eliminatórias, ele era um símbolo do futebol brasileiro. Era o capitão, o craque, o bonitão... Mas a campanha foi muito difícil, e parece que alguém tinha de pagar por isso. Durante a Copa, além de toda a pressão, ele tinha de jogar de um modo diferente. No São Paulo, era quase um terceiro atacante. Na seleção, o esquema era mais voltado para os volantes.

*Quando a amizade de vocês começou, já dava para saber que ela duraria para além da carreira?*
Isso esteve sempre muito claro. Éramos muito parceiros. O Raí tem uma serenidade, um modo de ser pacato, mas com grande estilo, grande classe. Sempre foi e ainda é o cara com quem eu mais divido minhas coisas.

CAPÍTULO 8 **NETO**

Um craque que nunca
foi atleta, não se firmou
na seleção brasileira,
mas ganhou lugar cativo
no coração de uma das
maiores torcidas do Brasil.

José Ferreira Neto sempre gostou de dizer que não era atleta, mas jogador de bola. Tinha facilidade para engordar e muitas vezes entrava em campo acima do peso. Na concentração, da qual sempre foi inimigo declarado, fumava. Fora dela, usufruía do sucesso como bem queria – e como bem quiseram tantos outros atletas brasileiros. Foi assim que conduziu uma carreira de 470 jogos e 184 gols, que chegou a seu auge nos anos 1990. Era um craque à moda antiga, um romântico, bem no momento em que o futebol brasileiro começava a se modernizar – e perdia uma Copa, sem ele, mas pela primeira vez com três zagueiros.

É fácil pensar no pequeno José como um menino gordinho, mas cheio de habilidade com a bola, em seus primeiros anos no futebol. Mas o curioso é que não era assim. Embora venha de uma família cujos membros têm de lidar com um problema que aflige muitos brasileiros – a facilidade para ganhar peso –, ele estava dentro dos padrões para a idade. A luta com a balança começaria com as frequentes injeções de cortisona aplicadas nos primeiros anos de carreira, para se recuperar de lesões e, segundo se acreditava na época, ganhar massa muscular.

Fora dos padrões mesmo, desde cedo, era seu talento. Aos 11 anos, Neto já fazia seus primeiros testes. Para quem nasceu em Santo Antônio de Posse, cidadezinha que ainda hoje não passou a marca de 20 mil habitantes e fica na região metropolitana de Campinas, o caminho natural era tentar a sorte num dos grandes rivais da metrópole vizinha, Ponte Preta e Guarani. Nas categorias de base, jogou por ambos. Era talvez um prenúncio do que seria sua carreira – que terminaria após ele passar também pelos quatro grandes clubes do estado de São Paulo.

Mas um deles o marcaria especialmente: é difícil imaginar José Ferreira Neto com outra camisa que não seja a 10 do Corinthians.

# Um Dérbi Campineiro no início da carreira

Dividir-se entre o Moisés Lucarelli, estádio da Ponte, e o Brinco de Ouro da Princesa, casa do Guarani, nunca foi uma atividade pacífica. E o começo da carreira de Neto teve o espírito do Dérbi Campineiro, como é conhecido em todo o Brasil o clássico dos grandes clubes de Campinas – disputado desde 1912 e normalmente apontado como o maior entre clubes do interior do país.

O primeiro teste foi no Guarani. Simão, que então era o técnico das categorias de base, não o aprovou. Aos 13 anos, Neto bateu na porta da Ponte – e foi aceito. Mas o clube não quis bancar o custo das passagens de ônibus que o traziam e o levavam de volta, todos os dias, à sua Santo Antônio de Posse, onde ainda morava com a família. Hoje, um trecho da viagem de cerca de 45 quilômetros custa por volta de R$ 3,50. Então, não é exagero dizer que por causa de R$ 7,00 por dia a camisa 10 de Dicá não teve um herdeiro famoso.

Em vez dela, Neto ganhou a de Zenon, líder de um time que fez história no Guarani, conquistando o Campeonato Brasileiro de 1978. Valorizado pela rivalidade, o garoto que tinha sido rejeitado no teste chegou ao Bugre um ano depois do maior título da história do clube. Tinha 13 anos. Aos 17, ainda morando debaixo da arquibancada do Brinco de Ouro – onde passaria sete anos de sua vida, como parte da solução encontrada para o custo das passagens –, já estreava no time principal. Foi chamado pelo técnico Cláudio Duarte sem sequer passar pelos juniores, depois de um Dérbi em que marcou três gols numa vitória de 5 a 1, ainda como juvenil.

A dispensa da Ponte, aliás, calou fundo no coração do jovem talento. Desde que começou a vestir a camisa do Guarani, passou a ter prazer especial em enfrentar o maior rival. Com quatro gols entre os profissionais e seis nas categorias de base, tornou-se o segundo maior artilheiro do clube na história do clássico – atrás apenas do craque de quem herdou a camisa 10, Zenon.

# Uma breve aventura no subúrbio carioca

As atuações do meia-esquerda de lançamentos precisos e belas cobranças de falta chamaram a atenção de muitos clubes do Brasil. Mas quem chegou com uma proposta concreta foi o Bangu. O clube do subúrbio do Rio de Janeiro, de história modesta, ganhara projeção nacional no ano anterior, ao disputar, com um time financiado pelo bicheiro Castor de Andrade, o título brasileiro com o Coritiba, perdendo a final nos pênaltis.

Neto foi titular na temporada de 1986, ao lado de jogadores que tinham se consagrado naquela conquista, como Marinho, e outras contratações de impacto, como Mauro Galvão, que chegava do Internacional. O vice-campeonato deu ao time o direito de disputar a Libertadores pela primeira vez em sua história, mas o camisa 10 chegou depois da campanha, que terminara com a eliminação na primeira fase e o pior público da competição em todos os tempos [148 torcedores, num jogo contra o Deportivo Quito].

Sua missão era defender o time na Copa Brasil, nome dado a um dos Campeonatos Brasileiros com a tabela mais criativa em todos os tempos – e olha que a concorrência é pesada. O Bangu caiu num dos quatro grupos de 11 clubes [havia outros quatro de nove, acomodando assim todos os 80 integrantes das Taças de Ouro, Prata e Bronze, o equivalente às séries A, B e C]. Neto passou os 45 primeiros dias da segunda fase parado por causa de uma fratura no pé direito, fez apenas um gol – numa vitória de 2 a 0 sobre o Operário-MS – num total de 16 jogos e não conseguiu evitar a eliminação.

Mesmo assim, quis ficar. Deu declarações à imprensa que causaram repercussão, dizendo que o Bangu era o melhor clube do Brasil e que se preciso compraria seu próprio passe para evitar a volta ao Guarani. Mas nem Castor de Andrade tinha – ou queria gastar com ele – os 10 milhões de cruzados que o Bugre pedia por seu passe. Era uma quantia tão grande para a época que apenas o dinheiro do empréstimo, um milhão, foi suficiente para contratar em definitivo o meia Marco Antônio Boiadeiro, que estava no Botafogo de Ribeirão Preto.

O caminho de Neto era mesmo o de volta.

## No São Paulo, o primeiro título – sem se firmar

No Bangu, Neto já convivia com dois temas que o acompanhariam ao longo da carreira: o excesso de peso e a fama de boêmio. Tinha então 75 kg distribuídos por 1,74 m de altura, e se irritava quando a imprensa publicava notícias de suas visitas a bares e boates. Desembarcou em Campinas levando a má fama na bagagem, além de suas declarações de amor ao Bangu. Logo ficaria claro que não havia clima para permanecer.

A solução foi outro empréstimo, dessa vez de uma temporada, para o São Paulo – justamente o time que batera o Guarani na final da Copa Brasil de 1986. Neto era reserva de Pita, camisa 10 de grande categoria, no time dirigido primeiro por Pepe, que o indicara, e depois por Cilinho, com quem não se entendeu. Num dos jogos em que entrou, o de volta da semifinal contra o Palmeiras, teve participação importante: uma de suas cobranças de falta – que sempre importunariam os goleiros adversários – passou entre as pernas de Zetti, num frango que ajudou a selar a vitória de 3 a 1 e a classificação.

Na final, saiu do banco nos dois jogos. No de ida, uma vitória de 2 a 1, substituindo o capitão Müller. No de volta, entrando no lugar do ponta-esquerda Edivaldo para levantar a primeira taça de sua carreira profissional, depois de um empate em o a o. Terminava assim uma campanha vitoriosa, mas discreta para ele, com cinco gols em 33 partidas.

## Um golaço na volta ao Guarani

Em três anos, três clubes. E o futebol daquela jovem promessa ainda não tinha explodido. Era hora de voltar para casa e recomeçar. Na temporada de 1988, Neto vestiu de novo a camisa do Guarani. Foi vice-campeão paulista e começou a chamar a atenção para o que seria uma das marcas registradas de sua carreira: os golaços. No primeiro jogo da final, contra o Corinthians, fez um de bicicleta, mas não evitou o empate de 1 a 1 – nem a perda do título na partida seguinte, com Viola, então um jovem e desconhecido reserva, marcando o gol decisivo.

Na comemoração, outra de suas características marcantes: a polêmica. Bateu no peito e foi flagrado pelas câmeras dizendo ser uma coisa que não podemos publicar num livro de respeito. Quando o Corinthians empatou, teve de ouvir o técnico adversário, Jair Pereira, dizer que ele é que era… Enfim, você sabe. E continuou ouvindo depois do jogo: o goleiro Ronaldo, que pouco depois seria seu parceiro no Corinthians, disse aos jornalistas que o adversário tinha chegado de bicicleta, mas que ele saía de moto… e campeão paulista. Quem passaria a carreira dando declarações polêmicas – e, espirituoso como sempre foi, mais tarde acabaria se vangloriando de ter sido o precursor do uso da tal palavra impublicável na comemoração de gols – tinha de estar preparado para as respostas.

Curiosamente, os papéis se inverteriam em 1992. Já vestindo a camisa do Corinthians, Neto fez outro gol de bicicleta, um dos mais bonitos de sua carreira, justamente contra o Guarani.

## Prata, a primeira frustração com a seleção

Foi em 1988 que Neto disputou sua primeira grande competição pela seleção brasileira, para a qual era convocado desde as categorias de base. Ao lado de futuros tetracampeões mundiais, como Taffarel, Bebeto, Romário, Jorginho e Mazinho, e de jogadores que não se firmariam na carreira, foi convocado para as Olimpíadas de Seul.

Pela primeira vez, o Brasil enviava aos Jogos uma seleção de profissionais – embora, na maioria, fossem jovens talentos que despontavam nos clubes do país. A regra que permitia apenas jogadores amadores – resquício dos tempos do Barão de Coubertin – caíra na edição anterior, em Los Angeles. Mas lá, numa campanha que terminaria com a medalha de prata, a camisa amarela fora vestida basicamente pelo time do Internacional, com alguns reforços.

Foi de Neto a cobrança de escanteio para Romário empatar a partida contra a Alemanha, nas semifinais, a apenas dez minutos do fim. O jogo foi para os pênaltis, e neles brilhou a estrela de Taffarel, que garantiu a classificação. Na final, o Baixinho marcou de novo, mas o roteiro foi diferente: o Brasil abriu o placar, sofreu o gol de empate no segundo tempo e viu a União Soviética desempatar e levar a medalha de ouro na prorrogação.

Um ano antes da queda do muro de Berlim, os soviéticos ainda viviam sob as normas do regime comunista, e os principais jogadores do país eram convocados. Já a seleção brasileira voltou para casa sob acusações de desunião e excesso de individualismo. Apesar da prata, Neto vivia sua primeira decepção com a camisa amarela.

## A polêmica do peso com Leão

A faceta polêmica que marcara a passagem pelos primeiros clubes voltaria a ocupar as manchetes dos jornais no ano seguinte – mas sem nenhum toque de humor –, quando Neto foi contratado por mais um grande de São Paulo, o Palmeiras. O técnico era Emerson Leão, que desde então já exercitava o que seria uma das linhas mestras de sua carreira: bater de frente com o craque do time.

Neto – que tinha sido contratado por indicação do treinador – não foi barrado, mas Leão o escalava frequentemente na ponta esquerda.

Sem arranque e fôlego para jogar tão aberto, fez uma temporada discreta num bom time, que tinha jogadores como o goleiro Velloso e o zagueiro Darío Pereyra, chegou às semifinais conquistando a tradicional Taça dos Invictos [após 23 partidas sem ser derrotado] e foi eliminado justamente na primeira partida que perdeu, contra o Bragantino. Num dos jogos da campanha, contra o Corinthians, o camisa 10 fez um gol de cabeça, participou de outro... e acabou substituído mesmo assim. Percebeu ali que não teria futuro com aquela outra camisa verde.

A relação entre os dois atingiu seu ponto crítico quando Leão, que sempre criticara a forma física de Neto, incluiu-o num grupo de jogadores acima do peso que deveriam treinar em separado, usando métodos como um colete de borracha para suar mais. Até a alimentação era diferente. Negando estar acima do peso, o craque barrado rompeu de vez com o treinador – a quem agradeceria mais tarde, ironicamente, por tê-lo posto no caminho do Corinthians. Mas, apesar de tudo, não queria sair. E foi com negação que recebeu, a princípio, a notícia de que seria transferido para o time que mudaria sua carreira e sua vida para sempre.

## Para sempre um herói corintiano

O camisa 10 que faria história no Parque São Jorge chegou numa troca dupla, ao lado do lateral-esquerdo Denys; para o Palestra Itália, foram Dida e Ribamar. E não levou muito tempo para o futebol saber quem levou vantagem: em duas passagens pelo clube, Neto fez 80 gols em 227 partidas. Saiu consagrado como um dos maiores jogadores que já vestiram a camisa alvinegra, apelidado pela torcida de Xodó da Fiel.

Logo em sua primeira temporada completa, tornou-se um dos líderes – ao lado do goleiro Ronaldo e do zagueiro Marcelo Djian – e o principal nome de um time limitado, que tinha jogadores de pouca expressão no cenário nacional, como Márcio Bittencourt, Wilson

Mano, Tupãzinho e Dinei. Ninguém poderia imaginar que aquele seria o grupo que daria ao Corinthians o primeiro título brasileiro de sua história.

A campanha irregular na primeira fase foi suficiente apenas para garantir a sétima vaga no mata-mata, contra o Atlético-MG – que teria a vantagem de decidir em casa e ainda saiu na frente no jogo de ida, no Pacaembu. Mas aos 30 minutos do segundo tempo começaria a saga de Neto como herói de um time esforçado que tinha um craque vestindo a camisa 10. Foi dele o gol do empate e, dez minutos depois, o da virada – que valeria a vaga, depois de um sofrido 0 a 0 na partida de volta.

O roteiro da semifinal, contra o Bahia, campeão brasileiro do ano anterior, foi bem parecido. Neto não fez o gol do empate – marcado por Paulo Rodrigues, contra – no Pacaembu, lotado por 40 mil pessoas numa tarde de chuva em que, contam os corintianos, outros 40 mil não conseguiram entrar. Mas foi dele o da vitória, numa cobrança de falta, aos 25 minutos do segundo tempo. E de novo valendo vaga, com outro 0 a 0 na casa do adversário.

Não era bonito, mas funcionava. O Corinthians estava na final contra um tradicional adversário, o São Paulo, vice-campeão brasileiro do ano anterior, que começava, já comandado por Telê Santana, a montar o time que seria bicampeão mundial no início dos anos 1990. Os dois jogos da final tiveram muito público e pouco futebol. No primeiro, de novo sob chuva, 85 mil torcedores viram Neto bater uma falta aos quatro minutos do primeiro tempo para Wilson Mano fazer o gol da vitória. No segundo, mais de cem mil assistiram a uma nova vitória do Corinthians, em outro 1 a 0, dessa vez com Tupãzinho marcando.

Mais até do que por suas atuações e seus gols decisivos, mais até do que pelo título inédito, Neto ganhou o coração da torcida do Corinthians pelo papel que assumiu na conquista daquele Brasileiro. Era um artista num time de operários, mas suava a camisa como eles. Era um craque imbuído do espírito guerreiro de um grupo de jogadores que todos – inclusive eles e os torcedores – sabiam que não era o melhor do país. A camisa 10 que já fora de Rivellino ganhava a mística de um herói.

## Experiência amarga
## no laboratório de Falcão

Neto ainda não tinha sido campeão brasileiro pelo Corinthians quando o técnico Sebastião Lazaroni convocou a seleção brasileira que disputaria a Copa do Mundo de 1990, na Itália. Mas algumas de suas atuações já tinham encantado torcedores e jornalistas, que pediram sua inclusão na lista. Lazaroni, no entanto, optara por um time de futebol pragmático, armado com três zagueiros, dois volantes e apenas um meia – Valdo, que tinha uma função mais parecida com a de quarto homem do meio de campo. Na reserva, o veterano Tita e o jovem Bismarck, chamado sob o pretexto de ser preparado para o Mundial seguinte, não tiveram chances. O Brasil foi eliminado pela Argentina nas oitavas de final, com um gol marcado por Caniggia depois de uma brilhante jogada de Maradona – um camisa 10 de ofício.

A história de Neto na seleção brasileira, interrompida desde a participação nas Olimpíadas de Seul, só seria retomada depois do vexame na Itália. Numa reviravolta típica do futebol brasileiro, Paulo Roberto Falcão, que defendera a seleção como jogador nas Copas de 1982 e 1986, foi convidado para substituir Lazaroni e mudar todo o trabalho realizado até então.

Falcão convocou vários jogadores que jamais haviam tido chance na seleção ao que ficou conhecido como "laboratório" – sob severas críticas de torcedores e jornalistas. Neto, que após a conquista do Brasileiro de 1990 era considerado o principal jogador em atividade no país, fez parte desse grupo. Vestiu a camisa 10 na primeira experiência do laboratório, uma derrota de 3 a 0 para a Espanha.

Era a abertura de uma série de tropeços da nova seleção brasileira, que só venceria nove meses depois. Neto foi o artilheiro do time nessa sequência – marcando seu primeiro gol com a camisa amarela, de falta, na derrota de 2 a 1 para a seleção do resto do mundo, em Milão, em amistoso para comemorar os 50 anos de Pelé. No dia dessa partida, ele viveu emoções diferentes: substituiu o Rei, que jogou o primeiro tempo, foi a sua festa de aniversário e ganhou dele as chuteiras brancas, além de ter guardado a bola com que marcara.

Foram grandes memórias – e também as últimas. Falcão foi demitido depois do fracasso do time na Copa América de 1991. Neto fez um gol na estreia, uma vitória de 2 a 1 sobre a Bolívia. Foi o sexto nas 25 partidas que disputou com a camisa amarela. Com o fim do laboratório, acabou também a breve era do astro do Corinthians na seleção brasileira.

Mas ele ainda foi convocado uma vez, em 1993, por Carlos Alberto Parreira. O treinador buscava um camisa 10 para o time do tetra e o escalou num amistoso contra a Polônia. Neto foi considerado o melhor em campo pela imprensa, mas não convenceu o treinador. Tinha usado a camisa amarela pela última vez.

## Lindos gols, poucas conquistas. Fim de linha no Timão

No ano de seu ciclo na seleção principal, Neto parecia determinado a provar, com a camisa do Corinthians, que era mesmo um dos maiores jogadores do Brasil. Embora tenha conquistado apenas um título em 1991 – a Supercopa do Brasil, na verdade um jogo entre o campeão brasileiro e o da recém-criada Copa do Brasil, vencido com gol dele contra o Flamengo –, fez nessa temporada alguns dos gols mais bonitos de sua carreira. Um deles provocou a volta das comparações com Maradona, a quem os corintianos gostavam de relacionar seu tipo físico e sua habilidade com a perna esquerda. Foi numa partida contra a Ponte Preta, em que arrancou do meio de campo, como o craque argentino fizera em seu famoso gol contra a Inglaterra na Copa de 1986.

Exageros à parte, deixou sua marca também em outro jogo contra o Flamengo, pelo Campeonato Brasileiro. As cobranças de falta sempre foram uma de suas principais qualidades. Mas o goleiro Gilmar pareceu duvidar de sua fama ao mandar abrir a barreira quando ele ajeitou a bola para uma cobrança de longe, na intermediária. Antes de um jogo da seleção brasileira em que atuaria como comentarista –

sua função atual –, Neto me contou que não tinha a menor intenção de chutar a gol. Disse que, quando levantou a cabeça, viu que não havia um companheiro por perto para uma cobrança indireta. "Fechei o olho e mandei o bico", brincou. O tal bico foi parar no ângulo de Gilmar – que se esticou todo e não achou nada – e se tornou um dos gols de falta mais famosos da história do Maracanã.

Apesar dos gols bonitos – ou em profusão, como os três marcados numa vitória sobre o Cruzeiro –, o camisa 10 não conseguiu manter o Corinthians como um time vencedor. E ainda teria de enfrentar uma severa punição que o deixaria fora do time no fim da temporada: uma cusparada na cara do árbitro José Aparecido de Oliveira, numa derrota para o Palmeiras, resultou numa suspensão de quatro meses.

## Muitos times e pouco brilho no adeus

Em 1993, o herói da conquista do Brasileiro de 1990 saiu do Corinthians sem provocar grandes protestos da torcida. Começava ali uma fase apagada de sua carreira. Primeiro, foi jogar pela primeira vez no exterior – mas não num dos milionários clubes da Europa, e sim no Millonarios, da Colômbia. Disputou apenas 11 jogos, em que marcou sete gols de falta. Mas o dono do time, que era acusado de ligação com o tráfico de drogas, não cumpriu o combinado no contrato, e Neto voltou ao Brasil.

Pela primeira vez desde a breve passagem pelo Bangu, viveria em 1994 uma experiência num clube brasileiro fora de São Paulo. Chegou ao Atlético-MG para se juntar a outras contratações de peso, como o zagueiro Adilson, o lateral Luís Carlos Winck e os atacantes Gaúcho e Renato Gaúcho. A torcida apelidou o time de Selegalo, mas o resultado não foi visto em campo. Neto e alguns outros astros do time brilharam mesmo foi na noite de Belo Horizonte – e a farra durou apenas o primeiro semestre.

Depois da Copa do Mundo dos Estados Unidos – para a qual sequer fora cogitado na seleção brasileira que conquistaria o tetra –, teve mais uma passagem apagada, dessa vez pelo Santos. Era uma promessa de campanha de Miguel Kodja Neto, eleito presidente com o apoio de Pelé, que voltava à vida política do clube. Mas Kodja sofreu um *impeachment*, e Neto perdeu prestígio com a diretoria.

Digno de nota em sua passagem pela Vila Belmiro apenas o fato de ter se tornado o segundo jogador na história do futebol a atuar pelos quatro grandes times de São Paulo [o primeiro fora Cláudio Cristovão Pinho, centroavante que atuou entre 1940 e 1960 e que, como ele, teve sua passagem mais marcante pelo Corinthians]. Mas até essa conquista foi efêmera: outros já a repetiram, e o zagueiro Antônio Carlos foi além, ganhando títulos com as quatro camisas.

Com apenas cinco gols marcados na temporada – dois pelo Atlético e um pelo Santos –, Neto começou a ver o mercado dos grandes clubes fechar-se para ele. Jogou o Campeonato Paranaense de 1995 pelo Matsubara e o Paulistão de 1996 pelo Araçatuba. A volta ao Corinthians, ainda em 1996, foi mais uma homenagem do que um reinício. Quando foi campeão paulista, no ano seguinte, já era reserva e pouco entrava no time.

O jogador de bola em pouco tempo descobriria que não teria uma carreira tão longa quanto a do atleta que nunca foi. Cada vez sofrendo mais para manter a forma física, Neto começou a sofrer de um problema crônico no tornozelo. Teve suas últimas alegrias no Paulista de Jundiaí, que então se chamava Etti, na série A2 do Campeonato Paulista de 1999.

Parou de jogar antes de completar 30 anos, sem nunca ter disputado uma Copa do Mundo, sem ter feito sucesso no exterior e sem nunca ter sido uma unanimidade. Mas já tinha se tornado para sempre um herói corintiano.

## ENTREVISTA
# FALCÃO

"Sempre foi um cara irreverente. Era muito vivo e por outro lado muito genuíno."

Ele bem que poderia estar entre os perfilados deste livro. Paulo Roberto Falcão tinha a elegância de um camisa 10 – e gostava de chegar ao ataque para exibi-la. Fez belos gols ao longo da carreira, mas era na essência um jogador de outra posição. Muito antes de os europeus, com suas linhas de quatro, inventarem a figura do volante que precisa exercer funções de meia, como armar o jogo e chutar a gol, Falcão era um sopro de modernidade no futebol mundial.

Na seleção brasileira que encantou o planeta na Copa de 1982, ele e Toninho Cerezo eram os primeiros homens à frente da defesa. Mas, só para citar um exemplo, foi Cerezo quem puxou a marcação dos zagueiros adversários para Falcão aproveitar o espaço criado com o deslocamento e acertar um belo chute da entrada da área, empatando o jogo contra a Itália, que valia vaga na semifinal. Naquele momento, o 2 a 2 era suficiente para levar o Brasil adiante, mas o terceiro gol de Paolo Rossi na partida mudou o destino daquele time – e talvez do futebol mundial, que amargou pelo menos uma década de defensivismo depois da tragédia do Sarriá.

Falcão já tinha desenvolvido o estilo misto – com disposição de cabeça de área na marcação e habilidade de meia na criação – no Internacional, onde começou a carreira e foi tricampeão brasileiro em 1975, 1976 e 1979. Dividir o meio de campo com jogadores como Batista e Carpegiani, que também eram capazes de exercer as duas funções, ajudou a implantar a novidade.

E o futebol europeu, que durante muito tempo deixara de importar jogadores brasileiros, não ficaria sem o talento de Falcão. Foi ele o primeiro de uma nova leva de contratados pelos clubes italianos nos anos 1980. Tornou-se o Rei de Roma ao comandar o time da capital na conquista do campeonato nacional de 1983.

Pouco depois de encerrar a carreira – com passagens pelo São Paulo e pela Copa de 1986 –, foi convidado por Ricardo Teixeira, presidente da CBF, para promover uma mudança radical na seleção brasileira. Seu laboratório (apelido dado pela imprensa da época) revelou futuros campeões mundiais, como Cafu, Márcio Santos e Mauro Silva. O astro daquele time deveria ter sido Neto, que na época vivia seu auge no Corinthians. É sobre ele que Falcão, hoje um prestigiado comentarista de TV, fala nesta entrevista.

*Convocar Neto parecia uma escolha óbvia quando você assumiu a seleção. Foi um dos primeiros nomes que lhe vieram à cabeça?*
O Ricardo Teixeira me propôs convocar apenas jogadores que atuavam no Brasil. A ideia dele era a seguinte: a seleção jogaria numa quarta-feira, e no domingo o torcedor se sentiria motivado a voltar ao estádio para vê-los atuando por seus clubes. Uma pesquisa de opinião na época mostrou que os torcedores sentiram falta especialmente de dois nomes na convocação para a Copa de 1990: um era o goleiro Velloso, do Palmeiras; o outro, o Neto.

*Ele sempre teve fama de criador de caso. Foi assim na seleção?*
Em momento algum. O Neto começou como titular, assim como o Renato Gaúcho, que era um dos remanescentes da Copa de 1990. Mas eles não estavam jogando bem. Um dia, durante a Copa América, chamei os dois ao meu quarto e perguntei: "Se vocês estivessem no meu lugar, o que fariam?" Ambos me disseram que ficasse à vontade para barrá-los e tiveram um comportamento fantástico no banco.

Neto abraça Mauro Galvão na concentração do Bangu: passagem fugaz e sem brilho pelo Rio.

Falcão orienta a seleção: o "laboratório" deveria ter Neto como peça central.

*Não houve nem cara feia?*
Quando eu os barrava, pedia para que ficassem ao meu lado no banco, para mostrar apoio à minha decisão. Contra o Equador, na última rodada da primeira fase, precisávamos de uma vitória por dois gols de diferença para passar às finais. Não escalei o Renato e tirei o Neto durante o jogo. Ganhamos por 3 a 1 e esperei fora do campo enquanto os jogadores festejavam; era o momento deles. O Neto veio do meio do bolo para me abraçar e dizer: "O senhor merece!"

*E os problemas com o peso e a vida noturna, chegaram a atrapalhar Neto na seleção?*
Quanto ao peso, nosso preparador físico era o Tim, que cuidou dele direitinho. As saídas à noite não eram problema no nosso esquema. Os jogadores chegavam na segunda e eram liberados na quarta. O que faziam nos clubes sempre ficou por conta de cada um. Mas tenho certeza de que comigo o Neto não aprontaria.

*E por que o xodó da Fiel não se tornou o xodó da seleção?*
Dei a chance de que ele precisava, mas de fato a expectativa era de que rendesse mais. É difícil saber o motivo exato, mas deve ter sido difícil. Uma vez, quando já não trabalhávamos juntos, ele me disse: "Perdi muito tempo na minha vida".

*Dizia-se de Ademir da Guia que não conseguiu se firmar na seleção porque o time não jogava em função dele, como no Palmeiras. Pode ter acontecido o mesmo com Neto?*
No esquema armado pelo Nelsinho, técnico do Corinthians, o Neto era o único que não voltava quando o time era atacado; na hora de atacar, ele vinha buscar a bola no meio para fazer os lançamentos. Na seleção, armei um 4-3-3 com Mauro Silva, Moacir e ele no meio, com liberdade para chegar à frente; Renato Gaúcho, Careca e João Paulo no ataque. Eram muitos jogadores de características ofensivas; o esquema tinha de ser diferente.

*A carreira de Neto terminou cedo demais. Ele teve problemas de lesão, mas será que também não se abateu ao perceber que já não rendia como nos tempos do Corinthians?*

Quando nos encontramos nos estádios de futebol, agora como comentaristas, volta e meia o Neto fala sobre o passado e diz que errou muito, mostra arrependimento. Mas eu sempre achei que ele não devia pensar assim. Faço análise há 15 anos e aprendi a ver as coisas de outra forma: "eu era feliz quando fiz isso?". Se a resposta for sim, não há motivo para se arrepender.

*Era o destino de Neto ser como foi?*

O Neto sempre foi um cara irreverente. Era muito vivo e por outro lado muito genuíno. Com esse jeito, exercia uma liderança sobre a boleirada, os caras adoravam brincar com ele. Até hoje ele é assim, trata todo mundo com muito carinho. Talvez a carreira dele não pudesse mesmo ter sido diferente.

CAPÍTULO 9

# RIVALDO

O menino que muitas
vezes não tinha dinheiro
para pegar o ônibus
e treinar no Santa Cruz
virou ídolo no Barcelona
e foi campeão do mundo.

No início dos anos 1980, um menino magricela e tímido que os amigos chamavam de Valdo brincava entre as travessas da parte alta da Ladeira do Frio – um lugar perdido na periferia de Paulista, município da Grande Recife. Gostava de caçar passarinhos, treinar galos de briga e (claro!) jogar bola descalço sobre as ruas de terra. Criadores de pássaros e donos de rinha logo perderam um talento: o garoto era bom mesmo no futebol. Aos 11 anos, já se destacava no Gonzagão, campo do Cruzeiro, o time do bairro. O pai, Romildo, decidiu investir no seu potencial e inscreveu-o na escolinha do Santa Cruz, um dos grandes times da capital. Com o minguado salário de funcionário de posto de saúde, tinha dificuldades até para pagar as passagens de ônibus para o filho ir aos treinos. Mas conseguiu economizar o suficiente para presenteá-lo com suas primeiras chuteiras. Valdo as calçou pela primeira vez quando tinha 13 anos e já era chamado de Rivaldo – o nome com o qual seria, entre muitas outras conquistas, campeão mundial pela seleção brasileira e eleito o melhor jogador do mundo pela Fifa.

A história de Rivaldo Vítor Borba Ferreira se parece com muitas outras de garotos brasileiros que driblaram as dificuldades para vencer no futebol. Mas uma tragédia por pouco não muda o curso: em 1989, seu Romildo morreu atropelado por um ônibus. Rivaldo, prestes a completar 16 anos e ganhando meio salário mínimo como jogador das categorias de base do Santa Cruz, pensou em largar o futebol e arrumar um trabalho para ajudar no sustento da família. Foi a mãe, dona Marlúcia, que o demoveu da ideia. Até hoje, o filho famoso a recompensa pelo apoio: com o dinheiro que ganhou no Brasil e na Europa, mandou asfaltar as ruas do quarteirão onde cresceu, em Paulista, comprou a melhor casa da rua e encheu-a de empregados que são proibidos de acordar a mãe – ela sempre gostou de dormir até tarde, mas precisava sair cedo da cama para cuidar da família.

Rivaldo nunca fez propaganda dessa história. Nem de nenhuma outra, nem de si mesmo. Há muito deixou de ser um menino franzino para tornar-se um atleta de 1,86 m com muita força nos chutes de perna esquerda. Mas a timidez do Valdo que jogava bola na Ladeira do Frio foi com ele mundo afora. Nunca se relacionou bem com a imprensa e acostumou-se à desconfiança dos torcedores. Mesmo antes de se tornar profissional, no Santa Cruz, era considerado lento. Ao longo da carreira, também foi chamado de desengonçado, desinteressado, desligado e egoísta. Ora com a paciência de quem espera um passarinho derrubar o alçapão, ora com a agressividade de um galo na rinha, enfrentou cada crítica. E se tornou um dos maiores camisas 10 do mundo.

## Ganhando espaço a bordo do Carrossel Caipira

Pouco depois de assinar seu primeiro contrato profissional com o Santa Cruz, Rivaldo disputou a Copa São Paulo de Futebol Júnior – que reúne times de todo o país no interior paulista. Foi esse encontro de regiões que determinou sua mudança para o Sudeste, ainda no começo da carreira. As boas atuações na Copinha em 1991 e 1992 chamaram a atenção do Mogi Mirim, que o contratou para disputar o Paulistão. Era uma época de regulamentos criativos. Os times da capital e outros mais tradicionais estavam no Grupo A, que classificava os seis primeiros para a segunda fase; o Grupo B tinha apenas equipes do interior, e as duas primeiras seguiam na competição.

O Mogi era comandado por Oswaldo Alvarez, o Vadão, que fazia sua estreia como treinador com uma novidade que os brasileiros tinham reprovado na Copa da Itália, em 1990: o esquema 3-5-2. Rivaldo não era considerado o craque do time, mas sim Válber, um meia-atacante que não teria tanto sucesso na carreira. Além deles, destacava-se o ponta Leto. Os três deram força ofensiva ao sistema de Vadão, que surpreendeu os adversários e foi apelidado de Carrossel Caipira.

Em 1992 (ainda sem Rivaldo), o Mogi Mirim terminou em primeiro lugar no Grupo B, mas fracassou na segunda fase, vencendo apenas uma partida – que tirou o Guarani das semifinais e classificou o Palmeiras. A boa campanha valeu o acesso para o Grupo A em 1993. Enfrentar as principais forças do estado tornou a tarefa mais difícil, mas aumentou a fama do Carrossel Caipira, que passou a ser conhecido como um dos times do interior mais difíceis de bater. Terminou o campeonato, por exemplo, sem perder para o campeão Palmeiras: empatou em 2 a 2 no primeiro turno e venceu por 2 a 1 no segundo [com Rivaldo marcando um de seus quatro gols na competição].

## Pelo Corinthians, a primeira chance na seleção

O sucesso do Carrossel logo chamou a atenção dos clubes da capital. O Corinthians foi mais rápido: depois do Campeonato Paulista de 1993, contratou o trio ofensivo formado por Rivaldo, Válber e Leto, e ainda levou o zagueiro Capone de lambuja. O quarteto caipira ganhou a chance de disputar uma competição de projeção nacional, e Rivaldo – cedido por empréstimo – seria o primeiro a aproveitá-la. Ganhou a Bola de Prata da revista *Placar* como um dos melhores atacantes do Campeonato Brasileiro daquele ano e teve sua primeira chance na seleção.

Foi convocado pelo técnico Carlos Alberto Parreira para um amistoso contra o México, em dezembro. O time que seria tetracampeão no ano seguinte, nos Estados Unidos, tinha acabado de passar por uma grave crise nas Eliminatórias – sofreu a primeira derrota na história da competição, para a Bolívia, em La Paz, e só se classificou na última partida, em que bastava um empate contra o Uruguai, mas terminou com um show de Romário [este, autor dos dois gols, não vinha sendo sequer convocado, mas virou titular absoluto ali mesmo].

Uma das posições em que mais se reclamava da falta de talentos à disposição era a de camisa 10. Raí, que começaria como titular nos

Estados Unidos, tinha poucos concorrentes à altura: Palhinha não se firmara nas Eliminatórias, Edílson era citado pela imprensa, mas sem muita convicção... Por que não testar Rivaldo? Embora ainda fosse considerado atacante, ele tinha o porte, o toque de bola e o bom chute de fora da área de que a posição precisa. E foi bem no teste: de cabeça, aproveitando uma cobrança de escanteio, fez o gol da vitória do Brasil contra a seleção mexicana.

Mas não voltou a ser convocado. No ano da Copa, caiu de produção e fez um mau Campeonato Paulista. Perdeu a chance de disputar seu primeiro Mundial e de ser contratado em definitivo pelo Timão, que não quis arriscar uma compra cara.

## No Palmeiras, a resposta ao Timão

O Palmeiras, já na vigência de seu relacionamento com a Parmalat – que foi muito além de um simples patrocínio e marcou época no futebol brasileiro –, não teve a mesma hesitação. Contratou Rivaldo por R$ 2,4 milhões, quantia expressiva para a época. O camisa 10 que Parreira não convocou chegou ao Palestra Itália depois da Copa, a tempo de disputar o Campeonato Brasileiro de 1994.

Não demorou a dar retorno ao investimento: foi o vice-artilheiro da competição, com 14 gols, ajudando o Palmeiras a conquistar seu quarto título nacional [em mais um bicampeonato, repetindo a façanha de 1972 e 1973]. E, numa daquelas peças que o futebol gosta de pregar, a final foi disputada justamente contra o Corinthians. Rivaldo parecia especialmente empenhado em provar que não deveriam tê-lo deixado ir embora. Fez dois gols na vitória de 3 a 1, no jogo de ida; e esfriou a reação corintiana no de volta, roubando uma bola do lateral Branco para empatar o placar (1 a 1), a dez minutos do fim, e garantir o título. De quebra, levou mais uma vez a Bola de Prata.

O Palmeiras da era Parmalat notabilizou-se pelo futebol ofensivo. Sob o comando de Wanderley Luxemburgo, jogadores como Müller,

Luizão, Djalminha e Rivaldo formaram um ataque arrasador, que bateu um recorde no Campeonato Paulista de 1996, superando pela primeira vez a barreira dos cem gols. Foram 102 em 30 jogos [média de 3,4 por partida], dos quais Rivaldo fez 18, quase um quinto do total.

As duas primeiras partidas do Palmeiras no campeonato já davam uma amostra do que viria: 6 a 1 na Ferroviária, em casa, e 7 a 1 no Novorizontino, fora. Quem sofreu mais foi o Botafogo de Ribeirão Preto, que levou uma goleada de oito, mas nem o Santos foi perdoado – sofreu seis em plena Vila Belmiro. O Peixe se recuperaria no segundo turno, mas perderia por 1 a 0 a partida em que poderia forçar uma final (evitando que o adversário conquistasse os dois turnos). O Verdão foi campeão por antecipação com 92,2% de aproveitamento (83 pontos ganhos em 90 possíveis) e apenas uma derrota para o Guarani.

Foi o último título de Rivaldo pelo Palmeiras. Suas atuações já tinham chamado a atenção de clubes do exterior, e ao fim do Campeonato Paulista ele foi vendido para o La Coruña, da Espanha.

## Um erro de passe que marcou mais do que a medalha

Se um início de temporada ruim no Corinthians tinha sido o suficiente para tirar Rivaldo de uma Copa do Mundo, seu sucesso no Palmeiras o levaria às Olimpíadas. Em 1996, ele foi convocado pelo técnico Zagallo para os Jogos do Centenário, com sede em Atlanta [embora os jogos de futebol tenham sido disputados em outras cidades, como Miami e Athens]. E chegou com prestígio a sua primeira competição internacional pela seleção brasileira: era um dos convocados acima do limite de 23 anos, ao lado dos tetracampeões mundiais Bebeto e Aldair.

A seleção – que entre os jogadores com menos de 23 anos tinha futuros astros do penta, como Ronaldo e Roberto Carlos – teve campanha irregular na primeira fase. Passou por um vexame na estreia, ao perder do Japão, que enviara ao torneio uma equipe sub-20, com um gol marcado após falha bisonha de Aldair e do goleiro Dida. Mas conseguiu chegar às semifinais, contra a Nigéria. Jamais um time africano tinha conquistado uma medalha olímpica em esportes coletivos, e o Brasil entrou em campo como franco favorito contra um time que já vencera na primeira fase (1 a 0). A certeza da torcida aumentou ao fim do primeiro tempo, quando a seleção já tinha 3 a 1 no placar.

Mas os nigerianos, com um estilo solto e abusado, reagiram, e Kanu conseguiu o empate no minuto final. Com apenas quatro minutos da prorrogação – então disputada no sistema "gol de ouro", que dava a vitória ao primeiro time a marcar um gol –, Rivaldo errou um passe na intermediária. A jogada terminou nos pés do mesmo Kanu, que chutou de fora da área, no canto de Dida. A Nigéria bateria também a Argentina, na final, para conquistar uma inédita medalha de ouro. Ao Brasil, restaria golear Portugal (5 a 0) na disputa do terceiro lugar e voltar para casa com o bronze.

Mas o país do futebol ainda não estava – e até hoje não está – sensibilizado pelo espírito olímpico. Se o Barão de Coubertin dizia que o importante é competir, por aqui o ditado é outro: segundo lugar e último é a mesma coisa (terceiro, então, nem se fala). Era preciso encontrar um culpado pelo fracasso em Atlanta, e Rivaldo foi o escolhido, por causa do passe errado na semifinal. Só voltaria a entrar em campo com a camisa amarela mais de um ano depois dos Jogos, para um amistoso contra o Equador.

Tímido por natureza, arredio ao assédio dos repórteres, Rivaldo se trancaria ainda mais em seu mundo por causa de episódios como esse. Mas voltava sempre, parecendo disposto a dar a resposta apenas em campo.

## Nos passos de Bebeto e Ronaldo

Para quem tinha dificuldade em lidar com o estrelato, a tarefa de Rivaldo no La Coruña era ainda mais difícil. Ele chegou à Galícia para substituir Bebeto, o primeiro grande ídolo internacional da história do clube e até hoje provavelmente o maior. A única resposta possível eram os gols: marcou 21, ajudando o time a chegar em terceiro lugar no Campeonato Espanhol.

A missão da primeira temporada estava cumprida, e ele não voltaria para a segunda. Seu bom desempenho já tinha chamado a atenção do Barcelona, que procurava um substituto para Ronaldo. Foi fácil chegar a Rivaldo, que pedia sem sucesso um aumento aos dirigentes galegos. As negociações transcorreram em segredo, e os catalães – rompendo um acordo de cavalheiros entre os clubes espanhóis – depositaram sem aviso o valor da multa rescisória: US$ 28 milhões. Rivaldo disputou um amistoso pelo La Coruña numa noite e na manhã seguinte já se apresentava ao Barça.

Na Catalunha, ele tinha mais um grande ídolo a suceder – outra vez um companheiro de seleção olímpica. Ao contrário de Bebeto, que saíra do La Coruña sob a alegação de que queria encerrar a carreira no Flamengo, o Fenômeno não tinha partido levando na bagagem o carinho dos torcedores. Trocara o futebol espanhol pelo italiano, Barcelona por Milão, Barça por Inter. Para não acabar sendo chamado de mercenário pela torcida, como ele, Rivaldo teria de superá-lo em campo.

E conseguiu. Se não nas jogadas espetaculares, pelo menos nos títulos. Conquistou o Campeonato Espanhol em sua primeira temporada, 1997-98, o que o Barcelona esperava desde o tetra que terminara em 1993-94, quando Romário ainda era o artilheiro do time. Para completar o sucesso, levantou a Copa do Rei. Num ano importante – o da Copa do Mundo da França –, Rivaldo se afirmava rapidamente como jogador de ponta num dos maiores clubes do mundo.

## Uma boa Copa, ainda sob desconfiança

O prestígio amealhado no Barcelona ainda não seria o suficiente para a torcida brasileira fazer as pazes com Rivaldo. Até pelo contrário: ele voltou a vestir a camisa amarela sob desconfiança, acusado de prender demais a bola. Outro tema recorrente era o de sua posição. Se escalado como atacante, parecia sentir falta da liberdade de criação que tinha como camisa 10; se recuado para o meio de campo, dava a impressão de querer voltar para a área e fazer mais gols – num time que já tinha Romário e Ronaldo.

Na Copa das Confederações de 1997, na Arábia Saudita – sua primeira competição oficial depois das Olimpíadas –, não foi titular. Alternou-se com Denilson nas duas primeiras partidas e saiu na terceira, para não mais voltar. Não tinha sido convocado para a Copa América daquele ano e também não seria para a Copa Ouro do ano seguinte. Como o Brasil não estava disputando as Eliminatórias por ter sido campeão mundial em 1994, sobraria pouco tempo para mostrar seu valor e garantir uma vaga na Copa de 1998, na França.

Mas Rivaldo tinha um defensor entre os camisas 10 escalados para este livro. Zico era o assistente de Zagallo, o técnico que hesitara em convocá-lo depois do malfadado passe errado na semifinal olímpica. O Galinho de Quintino via no jogador do Barcelona uma boa opção para ocupar a posição – ao lado de Leonardo, que se revezara com Djalminha na função nos anos anteriores –, mas poderia jogar mais recuado. No primeiro amistoso do ano da Copa, uma vitória de 2 a 1 sobre a Alemanha, ele já estava escalado. E não sairia mais.

A lista de convocados para o Mundial da França foi divulgada num evento midiático, com números de camisa já distribuídos e titulares definidos. Rivaldo estava entre eles, com a 10 – que usaria pela primeira vez numa competição oficial pela seleção. Para surpresa geral, seu companheiro de meio de campo seria Giovanni, que jogava com ele no Barcelona. Mas a novidade só durou até a estreia na Copa, uma sofrida vitória de 2 a 1 sobre a Escócia. Giovanni já tinha sido substituído por Leonardo quando Rivaldo marcou pela primeira vez na competição, na goleada de 3 a 0 sobre o Marrocos.

O novo camisa 10 faria mais dois gols na Copa, ambos em sua melhor atuação, contra a Dinamarca, nas quartas de final. O Brasil saiu perdendo pela primeira vez na competição, com Jorgensen marcando aos dois minutos de jogo. Ainda no primeiro tempo, Bebeto empatou e Rivaldo virou, com um belo toque por cobertura na saída do goleiro. Parecia estar se consagrando, mas o pesadelo do passe errado de Atlanta voltou a assombrá-lo aos cinco minutos do segundo tempo. Dessa vez, foi um chute precipitado que virou contra-ataque, e Brian Laudrup aproveitou uma furada de Roberto Carlos, que tentou cortar um cruzamento de bicicleta, para igualar o placar de novo. Por sorte, ainda era o tempo normal, sem gol de ouro, e ele teve a chance de reagir. Bastaram mais dez minutos para que acertasse uma pancada rasteira de fora da área, após passe de Dunga (que lhe dera uma bronca no lance anterior), levando a seleção à semifinal.

Nos dois jogos seguintes, voltaria ao papel de coadjuvante. A Copa que parecia destinada a Ronaldo foi parar nas mãos de Zidane. A desconfiança recaiu sobre todos os jogadores brasileiros, e não seria o sempre contestado Rivaldo que escaparia ileso.

## O Rivaldo do Barcelona
## e o Rivaldo da seleção

Depois do fracasso na França, Rivaldo viveria sua melhor temporada no Barcelona. Em 1999 – ano do centenário do clube –, o Barça ganhou de presente o bicampeonato espanhol, comandado por seu camisa 10. Foram 24 gols em 37 jogos, alguns deles capazes de rivalizar com os que tinham feito Ronaldo famoso no mundo todo com a camisa *azulgrana*.

Mas, em vez de servir para acabar com as críticas na seleção, o sucesso no clube fez apenas com que elas mudassem de direção. Depois do Mundial, Rivaldo passou a ser contestado por jamais conseguir repetir pelo Brasil suas atuações no Barcelona. Mesmo assim, não perdeu a vaga de titular, e ainda reencontrou um velho companheiro. Wanderley Luxemburgo, que o dirigira no Palmeiras, era o substituto de Zagallo. Juntos, conquistaram a Copa América de 1999, no Paraguai. Expulso num jogo contra o México, na primeira fase, o camisa 10 voltou para marcar em todos os jogos decisivos: um contra a Argentina, nas quartas de final, outro contra o mesmo México, na semifinal, e dois contra o Uruguai, na final.

Poupado, não disputou a Copa das Confederações, mas já tinha assegurada a presença nas Eliminatórias, que começariam a ser disputadas no ano seguinte. E voltaria com o prestígio de vencedor dos dois maiores prêmios individuais do futebol mundial. Principalmente por suas atuações no Barcelona, foi eleito o melhor jogador do mundo pela Fifa no fim de 1999, e ganhou também a Bola de Ouro da revista *France Football*.

O menino pobre, que muitas vezes não tinha dinheiro para pegar o ônibus de Paulista a Recife para treinar no Santa Cruz, conquistava o que até então apenas Romário e Ronaldo, os maiores ídolos do futebol brasileiro nos anos 1990, tinham conseguido. Faltava apenas o coração da torcida.

## Ao lado dos Ronaldos, a conquista da Copa

Rivaldo sabia que uma Copa do Mundo era a melhor oportunidade de convencer os brasileiros de que não era apenas um jogador de clube. Mas o caminho para o Japão e a Coreia do Sul, em 2002, não foi fácil. Em meio a uma campanha conturbada nas Eliminatórias, ele viu ser desfeita a parceria com Wanderley Luxemburgo, demitido depois do fracasso nas Olimpíadas de Sydney – competição que não disputou. Sobreviveu às mudanças de treinadores [não jogou com Candinho, voltou com Leão e permaneceu com Luiz Felipe Scolari]. Não participou dos fracassos na Copa das Confederações – com o laboratório de Leão –, nem na Copa América, com a derrota do time de Felipão para Honduras.

Desde o início, foi adotado pela "Família Scolari", como ficou conhecido o grupo que se uniu na dificuldade da reta final das Eliminatórias. Manteve-se como titular ao longo da competição e marcou um dos gols da vitória de 3 a 0 sobre a Venezuela na última partida, em São Luís – quando só então a vaga para a Copa foi assegurada. Embarcou para o Oriente como um dos pilares da equipe, formando um poderoso trio ofensivo com Ronaldo e Ronaldinho Gaúcho. E decidido a se destacar.

Começou a Copa chamando a atenção por um lance polêmico no jogo de estreia: atingido nos joelhos por uma bolada de Hakan Ünsal, simulou ter machucado o rosto e provocou a expulsão do jogador turco. A análise das imagens pela Fifa poderia ter provocado uma suspensão, mas o assunto morreu numa multa. E aí as atenções se voltaram para seus gols. Já tinha feito o da virada na difícil vitória sobre a Turquia, e voltou a marcar nos quatro seguintes. Contra a Bélgica, nas oitavas de final, aparou uma bola na entrada da área, primeiro com o peito, depois com a ponta do pé, e chutou de virada, com força e efeito, para espantar o susto de um jogo em que o adversário teria aberto o placar se não fosse um erro de arbitragem. Na difícil vitória sobre a Inglaterra, pelas quartas, ajeitou o corpo para tocar com estilo no cantinho de David Seaman, depois de uma jogada antológica de Ronaldinho Gaúcho, empatando a partida pouco antes do fim do primeiro tempo.

Se marcasse na semifinal e na final, igualaria o feito de Jairzinho, o Furacão da Copa de 1970, até hoje o único jogador a fazer pelo menos um gol em cada jogo de uma Copa. Não marcou, mas nem por isso deixou de brilhar. Na final contra a Alemanha – um encontro inédito em Mundiais entre as duas seleções mais vencedoras da história do futebol –, deu o chute que resultou no primeiro dos dois gols de Ronaldo [aquele que o goleiro Kahn, eleito o melhor jogador da competição, rebateu como se tivesse o peito de madeira]. O que o planeta só soube depois é que o autor daquela pancada estava com o pé enfaixado, protegido por uma bota de esparadrapo. Do segundo, participou com mais sutileza, deixando o Fenômeno livre com um corta-luz que enganou a defesa alemã.

O capitão Cafu levantou a taça do pentacampeonato mundial com a inscrição "100% Jardim Irene" na camiseta, homenagem a seu bairro natal. Rivaldo, eleito o segundo melhor jogador da Copa, sabia bem o que era percorrer uma trajetória como aquela.

# Depois da maior conquista, a peregrinação

Campeão mundial, Rivaldo Vítor Borba Ferreira parecia ter chegado ao ápice de sua carreira. E tinha finalmente uma resposta para dar ao holandês Louis van Gaal, técnico do Barcelona entre 1997 e 2000, que o acusara de ter se tornado um profissional mais descuidado depois de ganhar o prêmio de melhor do mundo da Fifa. Os dois bateram boca publicamente, e não havia clima para trabalharem juntos. Mas o Barça resolveu recontratar van Gaal, que saíra para dirigir a seleção da Holanda e não tinha conseguido levá-la à Copa, justamente em 2002. Era o fim da passagem de Rivaldo pelo clube – e o começo de sua migração pelo futebol mundial.

A primeira tentativa foi ainda em alto nível: o Milan. Participou das conquistas da Copa da Itália e da Liga dos Campeões da Uefa [título que ainda não conquistara], mas sem se firmar como titular. Disputava posição com o português Rui Costa, que tinha prestígio no clube, e mais perdia do que ganhava. Quando Kaká chegou, no meio de 2003, e se adaptou mais depressa até do que os próprios dirigentes imaginavam, seu espaço ficou ainda menor. Apenas em seu segundo ano em Milão, Rivaldo decidiu voltar ao Brasil.

O destino escolhido foi o Cruzeiro, então dirigido pelo velho conhecido Wanderley Luxemburgo. Além da parceria do treinador, chegava a um time que tinha conquistado a tríplice coroa no ano anterior – Campeonato Mineiro, Copa do Brasil e o primeiro Campeonato Brasileiro da era dos pontos corridos. Parecia não haver como dar errado. Mas, como o futebol gosta de aprontar, deu. A estreia já foi frustrante, com uma derrota para o modesto Valeriodoce. O primeiro gol só saiu depois de dez partidas. E a despedida, àquela altura já nem tão surpreendente, chegou antes do fim do primeiro campeonato, o Mineiro.

Já não havia mercado para Rivaldo nos grandes campeonatos europeus, e a próxima parada foi a Grécia. Assinou com o Olympiakos, um dos clubes mais populares do país. Marcou lindos gols – principalmente de falta – na primeira temporada, e conquistou o Campeonato Grego e a Copa da Grécia [troféu que levantaria mais duas vezes nos anos seguintes]. Parecia estar recolocando a carreira nos trilhos, mas não voltou a um time de ponta. Rompeu o contrato com o Olympiakos, apenas três meses depois de renová-lo, alegando falta de pagamento, e assinou com o AEK. Por ironia do destino, perdeu o último título grego que disputou para o ex-clube, por decisão da Justiça [não por causa dele, mas de outro jogador escalado irregularmente].

A última fronteira foi o Uzbequistão. Embarcou na aventura de dar visibilidade internacional ao Bunyodkor, um time jovem bancado por um milionário. É lá que Rivaldo joga enquanto este livro está sendo escrito. Lá, ultrapassou a marca de 400 gols marcados na carreira, foi dirigido por Zico, que o bancou na Copa de 1998, e agora é comandado por Felipão, que conquistou o penta com ele em 2002. De lá, é presidente do Mogi Mirim, o clube que o acolheu na chegada ao Sudeste. Parece tudo muito estranho para quem pensa no jogador vencedor, um dia eleito melhor do mundo. Mas faz todo o sentido para quem pensa no homem de 37 anos que tinha de vender doces e bebidas na praia para sustentar o sonho de ser jogador de futebol.

Felipão é abraçado por Rivaldo. O camisa 10 sempre se sentiu em casa na "Família Scolari".

## ENTREVISTA
# FELIPÃO

"Vive para a família, treina como um menino de 18 anos e continua sendo um craque que decide."

Luiz Felipe Scolari jamais teria entrado para a história do futebol pelo que fez dentro de campo. Ali, foi apenas um zagueiro esforçado, de estilo viril, que chegou a merecer alguns elogios pelo espírito de liderança. Foi essa a principal qualidade que levou para a beira do gramado – onde, aí sim, escreveu seu nome entre os maiores do mundo. Aliás, mais do que o nome, o apelido: Felipão.

No mesmo Centro Sportivo Alagoano (CSA), o tradicional clube de Maceió pelo qual encerrou a carreira de jogador [e conquistou seu único título, o de campeão alagoano de 1980], Scolari, que também é professor de educação física, começou como treinador. Em 1991, surpreendeu o país ao conduzir o Criciúma ao título da terceira edição da Copa do Brasil, batendo o Grêmio – time que dirigira no tricampeonato gaúcho de 1987 – na final, com dois empates. Talvez daí tenha nascido a fama que o perseguiu no início da carreira: montar times defensivos e, às vezes, até violentos. Em sua segunda passagem pelo Grêmio, conquistou a Copa do Brasil em 1994 e a Libertadores em 1995.

Faria o mesmo percurso no Palmeiras: Copa do Brasil de 1998 e Libertadores de 1999. Depois de uma breve passagem pelo Cruzeiro, assumiu a seleção brasileira em meio a uma crise nas Eliminatórias. Felipão convocou mais jogadores que atuavam no Brasil e uniu o grupo no que ficou conhecido como a "Família Scolari". A vaga foi conquistada na última rodada, com uma vitória sobre a Venezuela em

São Luís. Na Copa do Mundo, o técnico que os brasileiros tinham chamado de retranqueiro montou um trio ofensivo com Rivaldo, Ronaldo e Ronaldinho Gaúcho. A seleção venceu as sete partidas que disputou e conquistou o pentacampeonato.

Começava do outro lado do mundo a carreira internacional de Felipão. Pelos seis anos seguintes ele foi o treinador de Portugal, levando o país a um inédito vice-campeonato na Eurocopa e ao quarto lugar no Mundial seguinte, na Alemanha. Os resultados fizeram com que fosse convidado a dirigir a Inglaterra. Recusou, mas acabaria ganhando a tradução Big Phil para seu apelido ao aceitar dirigir o Chelsea, um dos clubes mais ricos do país. Saiu antes de completar a primeira temporada, sob boatos de que os jogadores estrangeiros tinham se unido para derrubá-lo.

Surpreendeu o mundo do futebol ao escolher como seu próximo destino o Bunyodkor, do Uzbequistão. Ainda hoje é o treinador do clube, onde dirige Rivaldo, camisa 10 de sua "Família Scolari". Foi de lá que respondeu às perguntas desta entrevista.

*Como você está vivendo a experiência de dirigir Rivaldo, um jogador tão importante em seu maior sucesso no futebol, nessa nova etapa da carreira de ambos?*
Está sendo ótimo, pois ele ainda é o cérebro da minha equipe e já está se preparando para uma nova vida no futebol. O Rivaldo vive para sua família, treina como um menino de 18 anos e continua sendo um craque que decide jogos com inteligência. Agora está muito mais experiente, correndo menos, mas com um ótimo posicionamento.

*Você certamente já tinha observado bastante o Rivaldo antes de convocá-lo pela primeira vez [já para um jogo de Eliminatórias, a derrota de 1 a 0 para o Uruguai, em Montevidéu]. Ainda se lembra de quando ele chamou sua atenção pela primeira vez?*
Foi em 1993, pelo Mogi Mirim, num jogo em que marcou um gol quase do meio do campo pelo Campeonato Paulista [numa vitória

Campeão da Copa, eleito melhor do mundo, Rivaldo não se acerta no Cruzeiro.

de 4 a 2 sobre o Noroeste, logo após uma saída de bola]. A primeira impressão que tive foi a de que ali estava um meia-esquerda com visão de jogo e muito talento.

*A atuação de Rivaldo na Copa de 2002 foi marcada por belos lances e gols. Você destacaria algum momento em que ele foi mais importante para o grupo?*
Para mim, o lance da penalidade contra a Turquia no primeiro jogo, quando o Ronaldinho Gaúcho ficou um pouco apreensivo para bater. O Rivaldo pegou a bola e assumiu o compromisso. Na partida seguinte, contra a China, tivemos outro lance de pênalti, com o jogo já decidido. Ele entregou a bola ao Ronaldinho e deu a chance de que ele crescesse como atleta e ganhasse mais personalidade durante o Mundial.

*E com relação ao outro Ronaldo, o Fenômeno? Rivaldo e ele tinham grande projeção mundial e pareciam disputar a artilharia e o prêmio de melhor jogador da Copa. Como era o relacionamento entre eles?*
Não houve disputa, pois os dois jogaram juntos e, com o desenrolar dos treinos e jogos, fizeram uma espetacular dupla.

*Uma das críticas mais constantes a Rivaldo era a de que ele não jogava pela seleção brasileira como jogava pelos clubes, principalmente o Barcelona. Por que torcedores e jornalistas tinham essa impressão?*
Porque na seleção muitas vezes as características dos companheiros eram diferentes, e tinha que haver, de ambas as partes, uma adaptação e uma aceitação da forma como o Rivaldo jogava no seu clube.

*Outro debate em torno de Rivaldo era sobre sua posição. Ele chegou a ser premiado como atacante no Campeonato Brasileiro, e muita gente dizia que quando jogava de meia se projetava para o ataque e vice-versa. Neste livro, está escalado como camisa 10... Qual é a posição de Rivaldo, afinal?*
Ele é meia-esquerda. E está muito bem escalado entre os melhores camisas 10 do Brasil.

*Uma das qualidades que se espera de um camisa 10 é a liderança. Calado como sempre foi fora de campo, Rivaldo consegue exercê-la?*
Rivaldo não é um "falador" dentro do campo, mas também não é um jogador tão calado quanto aparenta ser fora dele. Tem perfil de liderança, sim, mas seu melhor perfil nesse sentido é o técnico, pois com sua qualidade ele impõe uma liderança aos companheiros.

*Que outras qualidades – evidentes ou não – se destacam nele?*
Suas principais virtudes são suas qualidades como pessoa, sua qualidade técnica e sua vontade de vencer, de trabalhar sempre com dedicação.

*Rivaldo foi eleito o melhor jogador do mundo pela Fifa e ganhou
uma Copa, entre vários outros títulos. Mesmo com tantas conquistas,
ele poderia ter sido ainda melhor? Houve alguma qualidade que não
desenvolveu?*

Como atleta, ainda poderia ter melhorado sua qualidade com a
perna direita para passes e chutes, que saem, ainda assim, com
razoável precisão.

CAPÍTULO 10

# RONALDINHO GAÚCHO

Tudo aconteceu depressa demais para ele. Chegou a ser comparado a Pelé e Maradona. Depois, mesmo jogando, teve o fim da carreira decretado.

No dia 13 de junho de 2006, eu e minha mulher, Simone, chegamos ao Estádio Olímpico de Berlim, depois de uma viagem de metrô com um casal de amigos. Estávamos na Alemanha a trabalho – ela, ajudando a divulgar a Copa da Cultura; eu, cobrindo o Mundial pelo SporTV. Tínhamos ganhado uma rara oportunidade de chegar juntos a uma partida internacional de futebol – a estreia da seleção brasileira na competição, contra a Croácia. Mas só chegamos. Nossos lugares eram separados, em setores diferentes de um dos estádios mais bonitos do mundo. Passamos o jogo trocando mensagens sms pelos celulares. E a primeira, dela, veio no primeiro minuto de jogo: "O que é Ronaldinho Gaúcho?", perguntava, retoricamente, sobre o jogador que tinha acabado de dar uma arrancada espetacular, pouco depois do apito inicial, que quase terminara em gol. "Ronaldinho é mágico", respondi. Foi a última vez que digitamos o nome dele até o fim da partida. O Brasil venceu por 1 a 0, gol de Kaká, enquanto seu camisa 10 se apagava – para não mais voltar a brilhar.

O episódio, apesar de singelo, sempre ficou na minha cabeça como uma espécie de simulacro da carreira de um dos jogadores mais emblemáticos do século XXI. Tudo parece ter acontecido cedo demais na vida de Ronaldo de Assis Moreira – desde seu nascimento, às 3h20 da madrugada enluarada de 21 de março de 1980, em Porto Alegre, até sua aposentadoria, que os críticos já decretaram com ele ainda em campo.

Filho de João Silva Moreira, um ex-jogador de futebol que ganhava a vida como soldador e completava o orçamento tomando conta de carros no estacionamento do Estádio Olímpico, Ronaldinho viu, ainda na infância, a vida da família mudar com o sucesso do irmão, Roberto, que era conhecido pelo sobrenome materno Assis [revelado nas divisões de base do Grêmio, com passagem pela seleção e apontado como uma das grandes promessas do futebol brasileiro nos anos

1990]. Tanto o irmão quanto o pai gostavam de dizer que bom de bola mesmo era o caçula, que gostava de brincar de driblar entre os móveis da sala ou no quintal, fazendo o cachorro de marcador.

A campanha não demorou a fazer efeito: aos 7 anos, o garotinho dentuço já estava treinando nas categorias infantis do Grêmio. Era a primeira grande conquista – seguida quase imediatamente pela primeira grande tragédia de sua vida. Apenas um ano depois, o pai, João, morreu ao cair na piscina ainda vazia da casa para a qual a família se mudara graças ao sucesso de Assis. O acidente fez com que o núcleo familiar se unisse na missão de preservar o irmão mais novo. Assis – cuja trajetória como jogador não iria tão longe quanto se previa – assumiu desde o início a tarefa de cuidar da carreira de Ronaldinho; a irmã, Deise, até hoje administra o contato com a imprensa e os fãs; e à mãe, dona Miguelina, uma enfermeira, coube o amparo psicológico: é ela que visita o filho no exterior quando a saudade bate ou que prepara o feijão caseiro para recebê-lo em Porto Alegre.

## Depois da tragédia, o refúgio no futebol e o sucesso na base

Ronaldinho refugiou-se no futebol. A família, confiante em seu futuro, gravava gols e dribles no videocassete, desde os primeiros passos no futebol de salão – reunindo um acervo de imagens que mais tarde se tornariam mundialmente famosas em comerciais de TV. Já no campo, conquistava títulos pelo Grêmio desde a categoria sub-13. Era natural que chegasse à seleção brasileira ainda pelas divisões de base, que começou a frequentar desde a sub-15. Em 1997, o mundo o viu pela primeira vez brilhando com a camisa amarela no exterior – cena que se repetiria com frequência.

O Brasil jamais tinha conquistado o Mundial Sub-17, evento que chegava a sua sétima edição. A seleção que foi ao Egito apresentava jogadores que fariam sucesso moderado nos anos seguintes: Geovanni, Anaílson, Fábio Pinto, Matuzalém. O camisa 10 tinha dentes grandes, sorriso largo, andar gingado e cabelo ainda curto. O nome que estava estampado sobre o número às costas era o da certidão de nascimento: Ronaldo, sem o diminutivo. Foi impossível evitar a comparação com o xará famoso, que já era chamado de Fenômeno no Barcelona.

Marcou apenas dois gols na competição, ambos de pênalti, em duas goleadas: o penúltimo dos 7 a o sobre a Áustria, na primeira fase, e o último dos 4 a o sobre a Alemanha, na semifinal. Mas foi na final, contra Gana, que mais brilhou. Sob os olhares de Pelé, que estava na arquibancada do Estádio Internacional do Cairo, deu o chute que resultou no primeiro gol, depois de um rebote do goleiro, e o passe para o segundo. Comandou a virada e saiu de campo eleito o melhor jogador da decisão.

A vitrine internacional fez dele um jovem talento cobiçado por clubes europeus, antes mesmo de ganhar suas primeiras chances no time titular do Grêmio.

## Um elástico para cá, um chapéu para lá, e Dunga viu um craque nascer

A jovem revelação só começaria sua trajetória como profissional no dia 18 de janeiro de 1998, num amistoso de pré-temporada contra o Ortopé. Inicialmente sob o comando de Celso Roth, participaria de jogos oficiais naquele ano. Saiu do banco em algumas partidas da Libertadores e marcou sete gols na temporada.

Mas seu primeiro grande ano seria 1999. Ganhou a camisa 10, firmou-se como titular e foi o artilheiro do Campeonato Gaúcho, com 15 gols. Nas finais, contra o Internacional, começou a erguer sobrancelhas em todo o Brasil, pelo misto de habilidade e ousadia demonstrado em dois lances: um "elástico" diferente, com dois toques na bola, reinventando o estilo de Rivellino; e um chapéu seguido de matada no peito. Em ambos, o marcador era o mesmo. Dunga, o capitão da seleção brasileira nas duas Copas anteriores, campeão mundial em 1994, não conseguiu acompanhar o talento daquele garoto abusado. Foi flagrado pelas câmeras com ar perdido.

Tudo isso na última e decisiva partida de uma melhor de três. O Inter vencera a primeira (1 a 0), e o Grêmio dera o troco na segunda (2 a 0). Na negra, além de chamar o capitão do tetra para dançar, Ronaldinho – já com o diminutivo estampado na camisa – fez o gol do título. E que gol: começou a jogada com um drible pelo meio das pernas de Ânderson, projetou-se entre Dunga e Régis, tabelou com Capitão e tocou na saída de João Gabriel. Saiu de campo com o troféu de campeão gaúcho e com o prêmio de revelação da competição.

Enquanto Ronaldinho brilhava, Edílson fazia embaixadinhas na final do Campeonato Paulista. Queria ganhar tempo para o Corinthians, que esperava o apito final para se sagrar campeão paulista, mas provocou a ira dos jogadores do Palmeiras – e uma briga generalizada. O técnico da seleção brasileira, Wanderley Luxemburgo, gostou do que viu no Olímpico e se aborreceu com a pancadaria no Morumbi. No dia seguinte, divulgou a lista de convocados para a Copa América com uma novidade: saía Edílson, entrava Ronaldinho. A estreia viria logo a seguir, num amistoso contra a Letônia. Mas o melhor estava guardado para o primeiro jogo oficial.

> "Olha o que ele fez! Olha o que ele fez! Olha o que ele fez! Olha o que ele fez!"

Bastaram alguns minutos na Copa América para que Ronaldinho deixasse sua marca – e ganhasse sua nova identidade – na seleção. Embora tenha embarcado para o Paraguai – onde a competição foi disputada – como um convocado de última hora, ele ganhou uma chance de entrar em campo logo na primeira partida. O adversário era a fraca Venezuela, e a parada já estava resolvida, com 4 a 0 no placar, quando o camisa 21 foi chamado para substituir Alex, aos 27 minutos do segundo tempo. Três minutos depois, recebeu um passe de Cafu na entrada da área, pelo lado direito. Mal ajeitou, já deu um chapéu no zagueiro Rey. Para evitar a chegada de outro marcador, puxou a bola de calcanhar, logo depois do quique. Estava livre, já na pequena área, para chutar forte, no canto esquerdo do goleiro. Galvão Bueno, que narrava o jogo pela TV Globo, repetia, incrédulo, por quatro vezes: "Olha o que ele fez!"

Galvão já chamava o estreante de Ronaldinho Gaúcho, para diferenciá-lo de outro convocado. Ronaldo Nazário de Lima, o Fenômeno, tinha virado Ronaldinho na Copa de 1994, porque havia um xará no grupo [um zagueiro que passaria a ser conhecido como Ronaldão]. Na Europa, voltou a ser Ronaldo, e com o nome de batismo às costas disputou o Mundial de 1998. Mas saíra do Brasil como Ronaldinho, e o apelido ficou. Quando surgiu o jovem homônimo bom de bola, foi preciso criar uma nova identidade – que pegou entre os torcedores brasileiros, com grande ajuda da narração daquele gol, mas que não seguiria com ele para o exterior.

A transferência para o Velho Continente, que já era dada como certa, só se concretizaria no ano seguinte – e não seria amistosa. Ronaldinho, já alcunhado de Gaúcho, saiu do banco de reservas nos outros dois jogos da primeira fase da Copa América e na semifinal. Não fez outro gol, mas firmou-se como uma opção para Wanderley Luxemburgo. E virou titular na competição seguinte, a Copa das Confederações, disputada no México.

O treinador tinha decidido poupar alguns dos principais jogadores. Ronaldo, Rivaldo, Cafu e Roberto Carlos não foram convocados, e Ronaldinho Gaúcho aproveitou a oportunidade para firmar seu recém-criado nome de guerra na memória do torcedor brasileiro. Fez um gol em cada uma das três partidas da primeira fase e três na goleada de 8 a 2 sobre a Arábia Saudita, nas semifinais, tornando-se um dos artilheiros. Na final, contra os donos da casa, não marcou, e o Brasil foi derrotado. Mas isso não diminuiu o encanto da imprensa internacional, que o elegeu o melhor jogador da competição.

## A caminho da Europa, deixando mágoa no Olímpico

Parecia impossível segurar Ronaldinho Gaúcho no Brasil por muito tempo. Mas o Grêmio não cedeu aos impulsos vendedores tão comuns aos clubes do país. Além dos 22 gols que marcara na temporada, ajudando também na conquista da Copa Sul, a jovem revelação tivera efeitos notáveis no aumento da venda de ingressos e camisas do time. Durante o ano 2000 e até o início de 2001, as propostas foram chegando – e sendo recusadas. Para marcar a resistência, o presidente do clube, José Alberto Guerreiro, mandou pendurar uma faixa na entrada do Estádio Olímpico com dizeres que informavam que o craque não estava à venda.

O primeiro candidato foi o PSV Eindhoven, clube holandês que já servira de entreposto para Romário e para o outro Ronaldo na Europa. O segundo foi aquele a quem Ronaldinho deu a mão – mas não foi fácil. O Paris Saint-Germain (PSG) fez uma proposta de 7 milhões de euros, também rejeitada pelo Grêmio. Os franceses, porém, não desistiram: negociaram diretamente com Assis, irmão e empresário do jogador, e conseguiram assinar um pré-contrato. Enquanto isso, empresários italianos ofereciam R$ 60 milhões, e o Leeds United, da Inglaterra, R$ 75 milhões. A diretoria tricolor dizia não e não.

A situação se arrastou até fevereiro de 2001, quando se encerrava o contrato de Ronaldinho Gaúcho com o Grêmio. O jogador seguiu os conselhos da família: era hora de ir para a Europa. De pré-contrato assinado, viajou para a França, fechando uma negociação que deixaria o Grêmio sem nenhuma compensação financeira.

Ficavam para trás, no clube que o revelou, uma carreira de 141 jogos e 68 gols marcados. E uma mágoa que até hoje é difícil dizer se o tempo já cicatrizou.

## Revolta em Porto Alegre, polêmica em Paris, decepção em Sydney

O Grêmio aplicou à saída de Ronaldinho Gaúcho o ditado que seus torcedores costumam usar para incentivar o time: "não está morto quem peleia". Uma longa batalha judicial fez com que o jogador passasse o restante do primeiro semestre sem condições de ser escalado. Para não perder a forma, ele treinava às escondidas no São José, um clube pequeno da capital – porque não era mais bem-vindo no Olímpico e causaria polêmica demais se aparecesse no Beira-Rio. Com o passar do tempo, a reação dos torcedores foi se tornando mais agressiva, e Ronaldinho se sentiu forçado a deixar Porto Alegre.

A situação só se resolveu em agosto, quando o Grêmio conseguiu, por decisão da Fifa, uma compensação de 4,5 milhões de euros, e o PSG pôde finalmente contar com sua nova contratação. Parecia o final feliz de uma longa novela, mas era o início de outra: Ronaldinho jamais se entendeu com Luis Fernández, o técnico do time francês, que o acusava de exagerar nas noitadas – tema que se tornaria constante em sua carreira. Entre jornalistas e torcedores, consolidou-se outra crítica, a de que o camisa 10 jogava bem contra os times grandes, mas parecia não ter tanta vontade de enfrentar os pequenos. E não ajudou em nada o fato de que o primeiro gol com a camisa azul e vermelha só tivesse saído na décima partida.

A passagem de dois anos pelo PSG terminou com muitos vídeos de jogadas acrobáticas postados na internet, mas sem nenhum título. E quase comprometeu o que então era o maior sonho de Ronaldinho: disputar sua primeira Copa do Mundo. Em 2000, ainda jogando pelo Grêmio, ele já vivera sua primeira grande decepção com a camisa da seleção. Depois de uma brilhante campanha no Pré-Olímpico, com uma incrível goleada de 9 a 0 sobre a Colômbia e um passeio sobre a Argentina na fase final, o Brasil chegou às Olimpíadas de Sydney como favorito à conquista da inédita medalha de ouro.

Wanderley Luxemburgo, que acumulava os cargos de técnico da seleção olímpica e da principal, descartou o direito de convocar três jogadores acima de 23 anos, previsto pelo regulamento. Ronaldo, o Fenômeno, chegou a se candidatar a ser um deles, mas Wanderley considerava haver talento suficiente entre os sub-23 para buscar o ouro. A ilusão acabou nas quartas de final. O Brasil, que já perdera para a África do Sul na primeira fase, enfrentava outra seleção africana, Camarões. Perdia por 1 a 0 até os acréscimos, quando Ronaldinho marcou, de falta, um gol que levava o jogo à prorrogação.

Na comemoração, saiu batendo no peito, definindo-se, aos berros, com uma palavra que não podemos publicar. O desabafo foi desmoralizado na prorrogação, quando os africanos, já com dois jogadores a menos por causa de expulsões, marcaram o gol da vitória. O fracasso olímpico, os seis meses parado por causa da batalha judicial entre Grêmio e PSG e as críticas na França formavam uma combinação perigosa para quem pensava em disputar a Copa do Mundo em 2002.

## Um jogo de protagonista numa Copa de coadjuvante

Ronaldinho Gaúcho ainda não era titular da seleção brasileira no início das Eliminatórias para a Copa do Oriente. Saiu do banco nos primeiros jogos, sem marcar. Ganhou sua primeira chance de começar uma partida, ainda sob o comando de Wanderley Luxemburgo, contra o Uruguai, no Maracanã, mas foi substituído por Sávio no intervalo. Sequer foi relacionado em muitos jogos com Luiz Felipe Scolari, que substituiu Wanderley durante a competição. Foi preciso mostrar um bom futebol nos amistosos que antecederam a Copa para garantir um lugar no time, formando um triângulo ofensivo com Rivaldo e o outro Ronaldo.

Mais uma vez, um jogo marcaria sua passagem pela seleção. Relegado à condição de coadjuvante na primeira fase, o astro em ascensão escolheu uma partida especial para brilhar: a das quartas de final, contra a Inglaterra de David Beckham. Aos 12 minutos, ele já tinha mostrado que estava a fim de jogo, passando uma bola por entre as pernas de Scholes. Mas, dez minutos depois, o zagueiro Lúcio errou uma matada e deixou Michael Owen livre para abrir o placar. Quando tudo indicava que o Brasil iria para o intervalo em desvantagem, Roberto Carlos desarmou Beckham, começou um contra-ataque... e a Copa do Mundo conheceu a pedalada. Arrancando do campo de defesa, Ronaldinho passou seguidamente os pés sobre a bola ao se aproximar da área adversária. O lateral Ashley Cole, que provavelmente não estava acostumado a acompanhar suas estripulias pela internet, não entendeu o que estava acontecendo e se desequilibrou ao tentar marcá-lo. Olhar para um lado, passe para o outro... e Rivaldo ficou livre para empatar.

Na volta para o segundo tempo, tudo voltou a acontecer muito depressa na vida de Ronaldinho Gaúcho. Aos quatro minutos, Kleberson sofreu falta de Scholes na intermediária, e os dois times foram para a área esperar o cruzamento. O goleiro David Seaman também quis antever a jogada, e os dois ou três passos à frente que deu para se juntar aos outros defensores lhe custaram caro: a bola chutada por Ronaldinho fez uma curva impressionante e entrou direto, pelo alto, no ângulo direito. Anos após o Mundial, a discussão persistiria: Seaman jurando que tinha sido sem querer, o autor do gol decisivo limitando-se a sorrir quando lhe davam a chance de desmentir.

Ronaldinho foi o herói da vitória brasileira. Por sete minutos. Aos 11 do segundo tempo, numa disputa de bola no campo do adversário, levantou o pé e entrou de sola no calcanhar do inglês Mills. Levou cartão vermelho direto, e o Brasil teve de segurar o resultado com um jogador a menos. Suspenso, ficou fora da semifinal, contra a Turquia. Voltou para jogar a final, mas já tinha reassumido seu papel de coadjuvante, assistindo ao show de Ronaldo e Rivaldo contra a Alemanha.

## A conquista da Catalunha

Campeão mundial, Ronaldinho Gaúcho já não cabia mais no PSG. Tinha ganhado prestígio para peitar o técnico Fernandez, que continuava pegando em seu pé. Em 2003, o leilão pelo craque já estava aberto. Manchester United, da Inglaterra, e Real Madrid, da Espanha, foram os primeiros a dar seus lances. O Real saiu da disputa quando fechou com David Beckham para seu time de "galácticos". E o Manchester acabaria sendo derrotado por outro clube espanhol, o Barcelona. O recém-eleito presidente Joan Laporta tinha falado em contratar Beckham durante a campanha, e precisava dar uma resposta ao maior rival. O contra-ataque custou 21 milhões de euros.

A chegada de Ronaldinho à Catalunha foi bem diferente de seu hesitante começo em Paris. Logo na estreia, fez um gol na vitória de 2 a 0 num amistoso contra o Milan. Encaixou-se rapidamente no esquema ofensivo do Barcelona, que o deixava à vontade para fazer suas jogadas de efeito. E elas corriam o mundo. Pela TV ou pela internet, os fãs viam o zagueiro do Osasuna levar um chapéu e olhar, atônito, a conclusão de voleio para um golaço; ou o lateral do Athletic Bilbao levar não um, mas três chapéus seguidos na beira do campo.

Ronaldinho Gaúcho firmava-se no Barcelona como um autêntico camisa 10. Não necessariamente pelo esquema tático, que o deixava livre para criar – já levando em conta que seu lugar preferido no campo é o lado esquerdo, o que faz muita gente considerá-lo um segundo atacante e não um meia –, mas pelo talento com que jogava e fazia o time jogar. Nem foi preciso conquistar um título na temporada 2003-04 para convencer técnicos e capitães do mundo todo a votar nele como o melhor jogador do mundo na eleição da Fifa, no fim de 2004.

Se os títulos não vieram na primeira temporada, chegaram de baciada na segunda e na terceira. Em 2004-05, o Barcelona voltou a conquistar o Campeonato Espanhol, o que não acontecia desde 1998-99. Em 2005-06, a consagração: além do bi espanhol, vieram a Supercopa da Espanha e o troféu mais cobiçado de todos, o da Liga dos Campeões da Uefa. Ronaldinho, autor de mais um gol de antologia nas oitavas de final contra o Chelsea [balançando o corpo na frente do zagueiro antes de chutar de bico] e de outro, mais simples e mais decisivo, sobre o Milan nas semifinais [o único nos jogos de ida e volta, com um drible rápido sobre Gattuso e um chute forte de fora da área], voltou a Paris para a decisão, contra o Arsenal.

Não marcou na vitória de 2 a 1, mas foi eleito o melhor jogador da competição.

## Comparado a Pelé e Maradona, derrotado por Zidane

Campeão europeu, Ronaldinho Gaúcho se apresentou à seleção brasileira para a disputa da Copa do Mundo, na Alemanha. O título recém-conquistado parecia ser o único que faltava ao jogador que já era o mais famoso do planeta. No fim de 2005, além de receber o segundo troféu da Fifa [igualando um feito de Ronaldo, até então o único eleito em dois anos seguidos] e sua primeira Bola de Ouro, tradicional prêmio da revista *France Football*, ele ganhara a mais rara das homenagens: ser aplaudido de pé pela torcida do Real Madrid, em pleno Estádio Santiago Bernabéu, depois de um show numa goleada de 3 a 0. Jornais e revistas internacionais já ousavam compará-lo a Pelé e a Maradona. Faltava, segundo os jornalistas, apenas o título mundial para ser alçado ao panteão dos maiores da história do futebol.

E o sucesso na seleção, como protagonista, também tinha chegado no ano anterior. Já dono da camisa 10 – ele usara a 11 no título de 2002 –, Ronaldinho era o astro maior de um time que mesclava a experiência de Ronaldo, Cafu e Roberto Carlos a jovens talentos como Kaká e Adriano. O esquema ofensivo montado pelo técnico Carlos Alberto Parreira, batizado pela imprensa de quadrado mágico, levara o Brasil a conquistar a Copa das Confederações, também disputada na Alemanha.

Ronaldinho marcou apenas um gol numa confusa primeira fase – no empate de 2 a 2 com o Japão, que garantiu a sobrevivência do time na competição, depois da derrota (1 a 0) para o México. Na semifinal, converteu um pênalti na dura vitória de 3 a 2 sobre os donos da casa. E voltou a brilhar na final contra a Argentina, completando de chapa um cruzamento de Cicinho que passou entre as pernas do goleiro

Lux. Após a goleada de 4 a 1, mostrou sua faceta de líder, ainda que de forma negativa: batucando um pandeiro e cantando pagode, puxou a fila dos jogadores, que passaram pela zona mista do Waldstadion, em Frankfurt, sem falar com os jornalistas.

Naquele mesmo estádio, um ano depois, ele se calaria de novo, para chorar a derrota de 1 a 0 para a França, que tiraria o Brasil da Copa do Mundo. A campanha na Copa das Confederações, seguida por uma brilhante arrancada final nas Eliminatórias, tinha dado à seleção o status de favorita absoluta. E caberia a Ronaldinho Gaúcho comandar a campanha do hexa para se consagrar como o maior jogador do mundo no século XXI. Mas quem reinou naquela partida foi Zidane.

Depois da arrancada no primeiro minuto do primeiro jogo da Copa, citada no início deste capítulo, a história do garoto dentuço que saiu de Porto Alegre para conquistar o planeta sofreu uma reviravolta tão surpreendente quanto seus gols e seus dribles.

## O fim de uma carreira que ainda não acabou

Um título – o da Supercopa da Espanha, que nem de longe tem o prestígio do Campeonato Espanhol ou da Liga dos Campeões da Europa. Foi tudo o que Ronaldinho Gaúcho somou a seu galardão de conquistas depois da Copa de 2006. No fim do ano, ele chegou ao Japão para a disputa de outro mundial, o de clubes – já então promovido pela Fifa –, mas não conseguiu fazer valer a esperada superioridade do Barcelona sobre os rivais. Teve o dissabor de perder a final para o Internacional, o maior rival do clube que o revelou. Nem na hora dos prêmios individuais, a que tanto se acostumara, brilhou: ganhou apenas a Bola de Bronze, atrás de Deco e Iarley.

O fracasso na Alemanha parecia ter influenciado seu desempenho no Barça. A torcida e a diretoria, que lhe tinham feito juras de amor eterno e cogitado um contrato vitalício, passaram rapidamente a questionar suas atuações e seu compromisso com o clube. Ademais, um novo ídolo surgia, o jovem argentino Messi, que o próprio Ronaldinho adotara como se fosse um irmão mais novo, mas que mesmo sem querer começava a roubar seu lugar nos corações da torcida *azulgrana*.

O velho tema das baladas, que começara a persegui-lo em Paris e também agitara o ambiente da seleção na Alemanha, voltou com força total. Os jornais espanhóis especulavam sobre alcoolismo e depressão. Os torcedores o acusavam de se dedicar mais aos comerciais de TV do que aos treinos. O casamento que o mundo do futebol chegou a pensar que duraria para sempre acabou sem que nenhuma das partes fizesse questão de lutar por ele. Em 2008, Ronaldinho Gaúcho era anunciado como jogador do Milan, da Itália.

O reencontro com Kaká parecia ser a saída para dar uma resposta ao Barcelona. Foi com um cruzamento do companheiro de seleção na Copa de 2006 que ele fez o gol da vitória no seu primeiro clássico local: Milan 1 a 0 Inter. Mas nem assim conseguiu se firmar. Passou boa parte do Campeonato Italiano no banco de reservas, vendo Kaká terminar a temporada com 16 gols e o jovem Alexandre Pato com 15.

Na seleção, a chegada do técnico Dunga, que ganhou da CBF a missão de acabar com o clima de oba-oba que chamara a atenção da imprensa mundial na Alemanha, inaugurou uma nova era no relacionamento com os jogadores mais badalados. Ronaldinho – que protagonizara uma das imagens-símbolo do período de preparação na cidade suíça de Weggis, ao ser abraçado por uma fã que invadira o campo – não estava na primeira lista de convocados do novo treinador para um amistoso contra a Noruega, em agosto de 2006. Voltou na segunda, um mês depois, para mais dois jogos de preparação. Não saiu do banco no primeiro, uma goleada de 3 a 0 sobre a Argentina que marcou a volta por cima de Kaká. Começou o segundo, contra o País de Gales, mas acabou substituído por Robinho. A perda do status de titular absoluto provocou debates entre torcedores e jornalistas. Uma corrente defendia não só a barração, mas a exclusão de seu nome da lista de convocados; a outra, que a má fase no Barcelona (que ainda era seu clube na época) e o fracasso na Copa ainda não tinham apagado o conjunto da obra.

A polêmica irritava o técnico Dunga, que se aborreceu de vez quando Ronaldinho pediu dispensa da Copa América de 2007 – a primeira competição oficial sob nova direção – alegando precisar de férias. A seleção conquistou o título sem ele e sem Kaká, que tomara a mesma atitude. Mas os dois voltaram a ser convocados um mês depois, para um amistoso contra a Argélia, e eram titulares nos primeiros jogos das Eliminatórias para a Copa de 2010, disputadas já naquele ano.

Foi em 2008, quando sua relação com o Barça chegava ao fim, que Ronaldinho deixou de ser convocado. Passou o primeiro semestre fora, mas voltou para disputar as Olimpíadas de Pequim – a pedido do presidente da CBF, Ricardo Teixeira, que queria fazer da seleção o caminho para sua recuperação. Como um dos jogadores acima de 23 anos, ganhou a chance de superar o fracasso de 2000. Mas a campanha em Pequim também foi frustrante, terminando com a medalha de bronze depois de uma humilhante derrota para a Argentina na semifinal. O camisa 10 voltou a ser criticado, e o projeto de sua volta por cima começou a ser deixado de lado.

Este livro foi escrito com o Brasil classificado em primeiro lugar nas Eliminatórias para a Copa do Mundo de 2010. Ronaldinho Gaúcho entrou em campo com a camisa amarela pela última vez no segundo tempo da vitória de 3 a 0 sobre o Peru, em sua Porto Alegre natal. Ficou fora da Copa das Confederações. Ninguém acredita em sua convocação para o Mundial da África do Sul. Mas é bom deixar este encerramento em aberto. Tudo sempre aconteceu depressa demais para Ronaldo de Assis Moreira. E nunca se sabe o que esperar dele – num drible, num gol, na vida.

ENTREVISTA
# WANDERLEY LUXEMBURGO

"Desde que o vimos na seleção sub-20 e no Grêmio, a projeção era de que seria eleito o melhor do mundo."

Wanderley Luxemburgo aparece em destaque, aplaudindo sorridente o gol de Ronaldinho Gaúcho contra a Venezuela na Copa América de 1999. Tinha decidido lançar, no jogo de estreia da seleção brasileira na competição, o jovem jogador que convocara de última hora, para substituir Edílson. Os dois seguiriam juntos na seleção até pouco depois das Olimpíadas de Sydney. Wanderley, que acumulava o comando das equipes principal e olímpica, acabaria demitido de ambas – entre outras coisas, por causa do fracasso do time comandado por Ronaldinho na busca da medalha de ouro.

A revelação do jovem craque foi talvez o maior legado que um dos treinadores mais famosos do país deixou à seleção. Em 2004, ele tentaria levar sua carreira para a Europa, dirigindo alguns ex-convocados, como Ronaldo e Roberto Carlos, no Real Madrid. A aventura durou poucos meses, e seus críticos costumam associar Brasil e Real para concluir que Luxa, como é conhecido, jamais se realizou completamente.

Mas seu impressionante cartel de títulos por clubes brasileiros é um forte argumento para seus defensores. Depois de uma carreira apagada como lateral – passando por Flamengo, Internacional e Botafogo sem usar ainda o sobrenome com que ganharia fama –, Wanderley Luxemburgo virou treinador no pequeno Campo Grande, do Rio. Ainda por um clube modesto, o Bragantino, surpreendeu o mundo do futebol ao conquistar o Campeonato Paulista e a Série B do Brasileiro. Na série A, seria campeão nacional cinco vezes, por Palmeiras (1993-94), Corinthians (1998), Cruzeiro (2003, na temporada em que o clube completou o que seu torcedores chamam de tríplice coroa com a Copa Sul-Minas e o Campeonato Mineiro) e Santos (2004).

Pela seleção, ganhou aquela Copa América e o Pré-Olímpico, ambos com Ronaldinho Gaúcho no time. Mas saiu com um gostinho de quero mais.

*Quando resolveu cortar Edílson da convocação para a Copa América de 1999, você já estava preparado para convocar Ronaldinho Gaúcho ou foi convencido pelos dribles que ele deu em Dunga?*
Eu já tinha visto o Ronaldinho no Sul-Americano sub-20 de Mar del Plata. Fui observar jogadores com idade para a seleção olímpica, como ele, o Fábio Aurélio e o Alex, que acabei levando para as Olimpíadas de Sydney. Quando o Edílson fez aquelas embaixadinhas na final do Campeonato Paulista, pensei: "Estou formando um elenco. Não posso levar um jogador que causou um tumulto generalizado". Como já conhecia o Ronaldinho, e ele fez aquela bela final de Campeonato Gaúcho no mesmo dia, optei por ele.

*E por que tomou a decisão de lançá-lo, saindo do banco, logo na primeira partida?*
Quando percebi que o jogo contra a Venezuela estava decidido, resolvi: "Vou batizar esse moleque." A ideia era de que ele entrasse para perder logo o receio de vestir a camisa da seleção. Depois que ele fez aquele golaço, ficou tudo mais fácil.

*Ronaldinho era muito jovem. Estava nervoso ou queria mesmo entrar?*
Ele estava quicando... (risos) Jovem, com aquele talento todo, queria mais era entrar no time o quanto antes.

*O gol contra a Venezuela ajudou a lançar o nome Ronaldinho Gaúcho. Não havia ali também o risco de o sucesso subir à cabeça?*

Houve um momento em que eu precisei dar uma dura nele. Depois do Pré-Olímpico, ele se apresentou com quatro quilos acima do peso. Tinha "desplugado" um pouco. É natural para um jogador da idade dele, quando faz muito sucesso, deixar de se cuidar. Depois, mostrou a barriga aos fotógrafos, para mostrar que tinha emagrecido. Disse que comeu um churrasquinho a mais...

*Parecia uma provocação ao treinador. Você não entendeu assim?*
Encarei numa boa. Resolvi tudo com ele na conversa. Bati pesado, mas ficou tudo esclarecido ali.

*Quando convocou Ronaldinho pela primeira vez, você já imaginava que ele seria o Ronaldinho Gaúcho que conquistaria o mundo?*
Sem dúvida nenhuma. Desde que o vimos na sub-20 e no Grêmio, a projeção da comissão técnica era de que ele seria um dia eleito o melhor jogador do mundo.

*Muita gente criticou a forma como Ronaldinho se transferiu para o futebol europeu, em litígio com o Grêmio. Era mesmo impossível segurar um talento como ele?*
O Paris Saint-Germain foi uma escolha errada que acabou dando certo. Não é um dos maiores clubes da Europa, mas serviu para a adaptação. Isso já tinha acontecido com o Romário e o Ronaldo no PSV, da Holanda. O jogador passa por um processo de amadurecimento nesses centros menores. O Kaká não precisou, foi direto para o Milan. Já o Zico, se tivesse saído da Udinese para um clube maior, entraria para a história do futebol de maneira diferente, ainda maior.

*E o que acontece com o Ronaldinho hoje? Já há quem decrete o fim da carreira dele...*
De longe, é complicado avaliar. Hoje já não temos tanto contato. Mas quando um jogador chega a esse nível, tem que descobrir uma proposta que o motive. O Ronaldinho ganhou a Copa muito cedo, foi eleito o melhor jogador do mundo pela Fifa e ainda teve uma

Dunga, driblado por Ronaldinho Gaúcho quando jogava, foi um severo marcador como técnico da seleção.

Ronaldinho Gaúcho e Wanderley Luxemburgo se divertem, mas também viveram momentos tensos.

coisa que pesa muito, a compensação financeira. Antigamente, os jogadores não ganhavam tanto dinheiro tão depressa. Hoje, logo o cara está pensando: "Não preciso mais disto aqui".

*O que ele tem de fazer para mostrar que quem antecipou o fim estava errado?*
O Ronaldinho precisa descobrir uma nova motivação. Pode ser outra Copa do Mundo.

*Dá tempo de provar a Dunga que ele merece ser convocado?*
Um jogador como ele não precisa provar mais nada. O Pelé, antes da Copa de 1970, estava queimado. Tinha toda aquela história de que o João Saldanha não ia convocá-lo porque ele estava cego. Mas o cara se motivou e fez o melhor Mundial da vida dele. Para o Ronaldinho fazer o mesmo, tem que haver uma combinação entre o jogador, o treinador e a proposta.

*Antes da Copa de 2006, a imprensa internacional dizia que Ronaldinho estava prestes a chegar ao nível de Pelé e Maradona. Era um exagero?*
Essas comparações sempre foram feitas em função da habilidade. O Ronaldinho precisaria de uma conquista para poder chegar ao nível deles. Ele já conquistou até um título mundial, mas sempre foi coadjuvante. Tem que bater no peito e dizer: "Esta Copa do Mundo é minha".

*Ronaldinho Gaúcho adora cair pela ponta-esquerda, mas foi escalado neste livro como um dos maiores camisas 10 do futebol brasileiro. Você concorda com essa escolha?*
Não acho que ele seja um autêntico camisa 10. Para mim, o Ronaldinho sempre foi um segundo atacante. Para jogar como terceiro homem de meio de campo, tem que ter técnica. É o caso do Rivaldo, do Alex. Para ser atacante, basta a habilidade. É o caso do Ronaldo, do Edílson e também do Ronaldinho Gaúcho.

CAPÍTULO 11

# KAKÁ

A jovem revelação
do São Paulo fez
uma lista dos objetivos
que queria atingir
na carreira – e foi riscando
item por item.

Ricardo Izecson dos Santos Leite tinha 18 anos quando sofreu um grave acidente num parque aquático de Caldas Novas, estância hidromineral de Goiás. Estava de férias na cidade, visitando a avó. Bateu a cabeça no fundo da piscina ao escorregar de um tobogã e teve fratura na sexta vértebra da coluna cervical. A ameaça de não voltar a andar, que muitos jovens brasileiros já enfrentaram em situações semelhantes – e que nem sempre conseguiram superar, num país que no censo daquele ano tinha quase oito milhões de pessoas com deficiência motora –, era ainda mais assustadora para o jovem Ricardo, que a família e os amigos então conheciam por Cacá. Ele queria ser jogador de futebol.

Desde os 8 anos de idade, Ricardo já jogava pelas categorias de base do São Paulo. Começou como fraldinha, quando a família – que viera de Brasília, com uma passagem por Cuiabá, e chegara à capital paulista no ano anterior – se mudou para o bairro do Morumbi, e seu pai, Bosco, comprou um título do clube. Bom de bola, mas franzino, o menino recebeu atenção especial do departamento médico, que elaborou uma dieta à base de carboidratos e creatina para fazê-lo ganhar peso e altura.

Quando sofreu o acidente, Ricardo já estava próximo dos 78 kg e 1,85 m com que chegaria à idade adulta. E era uma promessa, destaque do time campeão da Copa São Paulo de Futebol Júnior de 2000. Preso à cama, em meio ao lento processo de recuperação, refugiou-se na fé. Além de rezar, elaborou, durante os dois meses em que ficou sem andar, uma lista das dez coisas que faria depois que recuperasse os movimentos.

Como você vai ver ao longo deste capítulo, Ricardo, que hoje o mundo conhece como Kaká, passaria os anos seguintes riscando itens de sua lista.

## Cacá vira Kaká, o juvenil vira titular

Ricardo ainda era Cacá, com o "c" da sílaba do meio de seu nome, quando ganhou suas primeiras chances no São Paulo. Já no início do ano seguinte ao acidente, foi promovido ao elenco profissional. No dia 7 de março, entraria em campo para o jogo de sua afirmação – logo na final de um torneio importante, o Rio-São Paulo, um dos únicos que o Tricolor, já então um dos mais vitoriosos clubes do futebol brasileiro, ainda não tinha conquistado. E embora a lista que compusera no ano anterior fosse bem otimista, difícil seria adivinhar o que se passaria: sair do banco para marcar os dois gols de uma virada contra o Botafogo, em menos de cinco minutos.

Em tão pouco tempo, muita coisa mudou. O jovem meia com pinta de bom moço caiu nas graças da torcida, que logo se lembrou de Raí – o camisa 10 que tem um capítulo próprio neste livro e que deixara o clube de vez no ano anterior. De um reserva desconhecido, Ricardo logo passou a titular. E enquanto ganhava a vaga, outra substituição se processava: a da letra "c" no apelido pela "k", que ainda não tinha sido incorporada ao alfabeto brasileiro pela reforma ortográfica, mas que já trazia em si um ar mais moderno e internacional.

É que a lista do já rebatizado Kaká tinha objetivos além das fronteiras do futebol brasileiro. E ela continuava a ser cumprida em ritmo vertiginoso: sete de seus itens já estariam riscados nos dez meses seguintes.

## Na seleção, o primeiro título antes da maioridade

Chegar à seleção – e, melhor ainda, ser campeão vestindo a camisa amarela – foi um objetivo atingido logo nas categorias de base. Cacá, ainda com a letra "c" no apelido, foi o camisa 10 da equipe que conquistou o Mundial Sub-17 de 1999, na Nova Zelândia. Mas não tinha ainda o protagonismo que ganharia na equipe principal. Fez um gol, na goleada de 4 a 1 sobre o Paraguai pelas quartas de final, mas foi substituído na semifinal, contra Gana, e na final, contra a Austrália – ambas decididas apenas na disputa de pênaltis.

No ano seguinte ao do acidente, já com o "k" incorporado ao apelido, Kaká disputou o Mundial Sub-20 na Argentina. Era o camisa 17 – a 10 era de Júlio Baptista, seu companheiro no São Paulo e hoje seu reserva na seleção principal. O time tinha outros jogadores que fariam carreira com a camisa amarela, como o lateral Maicon, o zagueiro Luisão e o atacante Adriano [que também estivera com ele na sub-17], mas não passou das quartas de final, eliminado por Gana. Mais uma vez ele fez um gol, e de novo numa goleada: 4 a 0 sobre a Austrália, pelas oitavas de final.


## Em um ano, a afirmação no São Paulo

Ao voltar da seleção, Kaká queria manter-se como titular do São Paulo. E não só conseguiu, ao longo do Campeonato Brasileiro de 2001, como se tornou um dos jogadores de referência para a torcida, ao lado do experiente goleiro Rogério Ceni – que hoje muitos apontam como o maior da história do clube – e o artilheiro França. Mas ninguém disse que riscar os itens da lista seria fácil. Suas atuações, num começo de carreira ainda instável, nem sempre convenciam torcedores e jornalistas. E a saída de cena foi sobre uma maca, depois de sofrer uma violenta falta de Cocito no jogo em que seu time foi eliminado pelo Atlético Paranaense – que viria a ser o campeão.

Aquela não foi uma temporada vitoriosa, mas serviu para marcar uma evolução notável na carreira de Kaká. Ele começara o ano como um dos jovens jogadores experimentados por Vadão no time titular, ao lado de nomes como Harison e Renatinho – que jamais se firmariam. E terminou titular absoluto, com um aumento de mais de 800% nos vencimentos – o São Paulo queria garantir um bom lucro numa transferência para o exterior, e para isso teve de transformar a ajuda de custo que ele recebia nas categorias de base num salário de verdade.

Com tanto sucesso em tão pouco tempo, já não era nada demais pensar em riscar outro item da lista: chegar à seleção brasileira principal.

## De um teste num amistoso ao título da Copa do Mundo

O técnico Luiz Felipe Scolari, o quarto a dirigir o Brasil na sofrida campanha das Eliminatórias para a Copa do Mundo de 2002, conseguiu a vaga – com uma vitória no último jogo, contra a Venezuela, em São Luís – mesclando convocados que atuavam no país aos que vinham de times estrangeiros, voltando a equilibrar uma balança que parecia ter pendido de vez para a Europa desde os anos 1990. Nos três primeiros amistosos no ano do Mundial, resolveu ampliar o campo de observação, escalando apenas jogadores de times brasileiros. Entre os testados, estavam dois jovens que acabariam indo ao Mundial: Ânderson Polga… e Kaká.

A revelação do São Paulo estreou pela seleção principal saindo do banco para substituir Juninho Paulista no primeiro amistoso do ano, uma goleada de 6 a 0 sobre a Bolívia, em Goiânia. Não fez gol, mas agradou. No terceiro teste, em Cuiabá, entrou como titular e marcou, em outro passeio: 6 a 1 sobre a Islândia. O saldo era mais do que positivo, embora parecesse não haver mais tempo para pensar numa vaga no expresso do Oriente.

A camisa 10 da seleção que iria à Copa, disputada pela primeira vez em dois países (Coreia do Sul e Japão), era de Rivaldo, a quem é dedicado um dos capítulos deste livro. Também convocado para o meio de campo titular, Ronaldinho Gaúcho – outro dos nossos perfilados – teve de mudar de posição, jogando um pouco mais recuado.

Estar na reserva de craques já então tão badalados seria uma honra. Mas quase todo mundo achava que ela caberia a Djalminha, um habilidoso meia que tinha sido revelado pelo Flamengo e que então vivia às turras com o técnico de seu time na Espanha, o La Coruña. Para testá-lo, Luiz Felipe Scolari abriu a única exceção à regra de escalar apenas jogadores que atuavam no Brasil nos primeiros amistosos. Foi dele o gol da vitória sobre a Arábia Saudita, em Riad.

Felipão não era muito de ligar para quem era titular ou reserva nos times da Europa, e combinou com Djalminha que veria um de seus treinos, apenas para confirmar a convocação. Pois foi justamente nessa época que o jogador se irritou de vez com o treinador de seu clube, o espanhol Javier Irureta: após uma discussão, desferiu-lhe uma cabeçada. A notícia correu o mundo do futebol. E na hora da divulgação da lista para a Copa, a camisa 23 tinha trocado de dono: era de Kaká.

Ninguém esperava sequer que o convocado de última hora entrasse em campo. Mas o Brasil jogou já classificado contra a Costa Rica, na terceira partida da primeira fase. Felipão deu chance, de início, a vários reservas. Kaká ficou no banco até os 25 minutos do segundo tempo. Entrou, finalmente, no lugar de Rivaldo. Mal tocou na bola, mas ao fim daqueles 20 e poucos minutos já tinha ido além até mesmo de sua própria lista. E viveu, na concentração e no banco, a experiência de uma seleção campeã mundial.

# O ídolo vaiado

Pode ter sido o amadurecimento de uma Copa do Mundo, ou apenas o ritmo vertiginoso em que as coisas sempre aconteceram na carreira de Kaká. Mas o fato é que ele voltou do Oriente consolidado como um dos líderes do São Paulo. Fez nove gols no Campeonato Brasileiro de 2002 e abasteceu os atacantes Luís Fabiano e Reinaldo com passes precisos. A irregularidade das atuações de 2001 tinha ficado para trás, e agora era sua constância que lhe valia a Bola de Ouro da revista *Placar*. Se a fórmula já fosse a de pontos corridos, que entraria em vigor na temporada seguinte, tudo isso teria sido coroado com o título.

Mas não era – e mais uma vez Kaká aprendeu que, se por um lado ia realizando seus desejos muito mais cedo do que imaginava, por outro ainda teria de vencer muitas desconfianças. Por ter tido a melhor campanha na primeira fase, o São Paulo enfrentou o Santos nas quartas de final. E era franco favorito, diante de um time que teve de apelar para garotos na faixa dos 18 anos e que o Brasil desconhecia, como um camisa 10 fortinho chamado Diego e um pontinha arisco apelidado de Robinho, para se livrar de um começo irregular e conseguir a última vaga na bacia das almas.

Diego e Robinho jogaram muito nas partidas de mata-mata – especialmente as finais, contra o Corinthians – e entraram para o quem é quem do futebol. Kaká, por sua vez, teve atuações criticadas na série em que o São Paulo foi eliminado. E começou a viver sob a égide de uma desconfiança que nunca tinha pesado sobre ele: a de amarelão.

A situação só fez piorar no Campeonato Paulista de 2003. Com uma lesão na coxa, Kaká não enfrentou o Corinthians na final. O diagnóstico de parte da torcida foi outro: amarelite aguda. A partir de então, qualquer resultado negativo – como a eliminação para o Goiás na Copa do Brasil – passaria a ser, de alguma forma, relacionado a uma suposta aversão do camisa 10 tricolor a jogos decisivos.

Kaká ainda disputou algumas partidas do Campeonato Brasileiro de 2003. E nelas experimentou um sabor que até então desconhecia: o de ser vaiado por sua própria torcida.

## Na chegada ao Milan, afirmação e título

Em meio ao Campeonato Brasileiro de 2003, começaram a surgir as propostas do futebol europeu por Kaká. O Chelsea, da Inglaterra, chegou a fazer uma delas. Mas estava lá na lista: jogar por um clube grande da Espanha ou da Itália. O Milan, além de cumprir esse requisito, tinha uma base formada por jogadores brasileiros, como Dida, Cafu, Roque Júnior, Serginho e Rivaldo – quase todos seus companheiros na seleção de 2002. E o artífice da negociação foi outro compatriota, Leonardo, ídolo do São Paulo como ele. Era um caminho natural.

O objetivo do Milan era contratar Kaká apenas para o verão seguinte, mas o interesse do Chelsea apressou as negociações. O jovem são-paulino chegou para ficar no banco, ganhando experiência, como fizera na Copa do Mundo. Mas dessa vez ele não quis esperar: nas primeiras oportunidades que teve, mesmo entrando no lugar do português Rui Costa, veterano da equipe e cheio de prestígio com a torcida e a comissão técnica, tratou de deixar claro que mantê-lo na reserva seria um desperdício de tempo e de talento.

Firmou-se como titular ainda no primeiro turno [enquanto Rivaldo, que chegara com prestígio de pentacampeão mundial, não conseguia mostrar seu futebol] e logo se transformou numa das grandes atrações do time, ao lado do atacante ucraniano Andriy Shevchenko, com quem formaria uma dupla muito eficiente. Foi com um passe dele, por exemplo, que Schevchenko marcou o gol de uma vitória sobre o Ancona. Mas a afirmação de Kaká viria mesmo no grande clássico de Milão, contra o grande rival Internazionale: ganhou na bola (3 a 1), fazendo um dos gols, e na raça, peitando Kily González, o mais argentino dos jogadores argentinos desde Diego Simeone, numa discussão.

Era o ápice de uma temporada mágica, em que seria eleito o melhor jogador do Campeonato Italiano pelo jornal *Guerin Sportivo*, marcaria dez gols em 30 partidas e – já que tudo parecia ter pressa para ser conquistado na carreira de Kaká – terminaria como campeão.

## Emoções extremas
## na Liga dos Campeões

Logo em sua temporada de estreia na Europa, Kaká teve a chance de se medir com os melhores jogadores do mundo numa competição que lhe reservaria algumas das grandes emoções de sua carreira – na vitória e na derrota: a Liga dos Campeões. Logo na primeira participação, uma eliminação surpreendente: com dois gols dele, o Milan venceu o La Coruña por 4 a 1 no Estádio San Siro; a partida de volta parecia mera formalidade, mas o time espanhol surpreendeu a todos e fez 4 a 0.

A eliminação nas quartas de final fez com que o Milan invertesse as prioridades na temporada seguinte. O Campeonato Italiano ficou em segundo plano. Batendo a Inter num clássico pelo caminho, o time chegou à final da Liga dos Campeões para enfrentar o Liverpool – que não era sequer o favorito entre os times ingleses. A sensação de mão na taça só fez aumentar no primeiro tempo do jogo decisivo, que terminou com uma vantagem de 3 a 0 no placar. Mas depois do intervalo se daria o que ficou conhecido como o Milagre de Istambul: em apenas seis minutos, a partida disputada na cidade turca estava empatada.

A decisão foi para os pênaltis. Kaká bateu e marcou. Mas entre seus estupefatos companheiros, apenas o dinamarquês Jon Dahl Tomasson fez o mesmo. O Liverpool calibrou a pontaria e tornou o Milan coadjuvante numa das finais mais emocionantes da história da competição.

Parecia impossível que uma epopeia como essa tivesse outro capítulo. Mas o futebol não seria o futebol se não tornasse possíveis essas impossibilidades. Milan e Liverpool voltaram a se enfrentar na final da Liga dos Campeões duas temporadas depois. A final não teve contornos tão dramáticos, mas levou um dos melhores times do mundo no início do século XXI ao título europeu – e mais tarde ao mundial, vencido numa decisão contra o Boca Juniors, da Argentina, num desempate entre os maiores campeões continentais do planeta.

Já sem a companhia de Schevchenko – que era também um de seus melhores amigos –, Kaká assumiu a função de goleador. Foi o artilheiro de sua penúltima Liga dos Campeões pelo clube, marcando dez gols.

## Na Alemanha,
## a maior decepção

Embora já tivesse uma Copa do Mundo no currículo, Kaká manteve os pés no chão com relação a seus planos para a seleção brasileira quando chegou ao Milan. Queria primeiro disputar as Olimpíadas de Atenas, em 2004, para depois se firmar no time principal. Mas o clube não o liberou para o Pré-Olímpico, disputado no Chile ainda em 2003 – que teve como protagonistas Diego e Robinho, seus rivais um ano antes no mata-mata do Brasileirão, e terminou com uma surpreendente eliminação num jogo decisivo contra o Paraguai.

Seu destino, no entanto, já estava traçado: Carlos Alberto Parreira, que voltara a dirigir a seleção principal, via nele um dos pilares de um projeto de renovação baseado em jogadores de talento e vocação ofensiva. Na preparação para a Copa do Mundo de 2006, que seria disputada na Alemanha, Kaká reencontrou companheiros do penta, e a eles se juntaram jovens destaques como Robinho e Adriano.

Sem alguns dos veteranos – Ronaldo, Cafu e Roberto Carlos pediram dispensa –, o time de Parreira começou a tomar forma e encantou o mundo na Copa das Confederações, também na Alemanha, em 2005. Depois de um começo titubeante, o Brasil venceu os donos da casa na semifinal e atropelou a Argentina numa final inesquecível: 4 a 1, com Kaká marcando o segundo gol num belo chute de fora da área. A formação ofensiva, com ele e Ronaldinho Gaúcho no meio de campo e dois atacantes, voltou a funcionar nas Eliminatórias – com algumas alterações – e fez com que o Brasil chegasse à Copa, no ano seguinte, apontado como grande favorito.

Era de Ronaldinho Gaúcho – que alguns órgãos de imprensa já queriam comparar a Pelé – que mais se esperava, mas foi de Kaká o gol da apertada vitória da seleção brasileira na estreia, contra a Croácia, em mais um bonito chute de fora da área, dessa vez de perna esquerda. Nas partidas seguintes, porém, ambos se apagaram. A crítica cobrava a volta de jogadores jovens como Cicinho e Robinho, que tinham dado vida nova ao time da Copa das Confederações. Mas

Parreira preferiu manter os veteranos – entre eles Ronaldo, visivelmente acima do peso –, e o favoritismo acabou em decepção.

No mesmo estádio em que pusera a Argentina para dançar, em Frankfurt, o Brasil levou um baile da França. Roberto Carlos foi o mais criticado, por ter se abaixado para ajeitar o meião pouco antes da cobrança da falta que resultou no gol da derrota, marcado por Henry. Mas a atuação discreta de Kaká na partida decisiva não foi esquecida. Pesou também sobre ele o fracasso de um time que viu seu brilho se apagar diante dos olhos do mundo.

## Depois do fracasso na Copa, a melhor fase da carreira

Nada como uma temporada depois da outra. Um ano após o fracasso na Alemanha, Kaká viveu seu melhor momento desde a surpreendente estreia pelo Milan em 2003. As atuações na conquista da Liga dos Campeões consolidaram seu prestígio na Europa, e ele terminou o ano com os principais prêmios individuais que um jogador de futebol pode receber: a Bola de Ouro da revista *France Football* e o troféu de melhor do mundo da Fifa.

No auge de seu prestígio na Europa, o craque que o mundo consagrava ainda precisava recuperar seu espaço na seleção brasileira, que já vivia novos tempos. Dunga, capitão como jogador na conquista do tetracampeonato mundial em 1994, fora escolhido como substituto de Carlos Alberto Parreira logo depois da Copa. Conhecido por sua postura disciplinada dentro de campo, o novo treinador – que não tinha nenhuma experiência pregressa na função – assumira o cargo com a divulgada missão de combater os excessos de 2006. Para evitar as fanfarronices do período final de preparação, na cidade suíça de Weggis, em que torcedores invadiam os treinos para abraçar seus ídolos, não haveria mais espaço para celebridades entre os convocados. Jogadores com excesso de peso e em má fase técnica também estariam fora dos planos, qualquer que fosse o prestígio que tivessem.

Kaká – magro e *low profile* no relacionamento com a fama – parecia não se encaixar no perfil dos que perderiam a vez. Enquanto Cafu, Roberto Carlos e Ronaldo ficavam fora das primeiras listas de Dunga – e jamais voltariam a ser convocados por ele –, o camisa 10 do Milan foi chamado para um amistoso contra a Argentina, em Londres. Começou no banco de reservas e não só não reclamou como entrou para fazer um belo gol, arrancando com a bola desde antes do meio do campo e ziguezagueando entre os marcadores até tocar na saída do goleiro.

Enquanto o relacionamento com a seleção era retomado, a trajetória de Kaká no Milan ia chegando ao fim. O trio apelidado de Ka-Pa-Ro, formado por ele e pelos também brasileiros Alexandre Pato e Ronaldo, não conseguiu sequer levar o time à Liga dos Campeões. Com Ronaldinho Gaúcho no lugar do xará, o trio manteve as iniciais e voltou a fracassar, sendo eliminado na primeira fase da Copa da Uefa.

Depois de anos de conquistas – e dos gastos milionários que as sustentaram –, o Milan entrava numa grave crise financeira. Era hora de vender jogadores para tentar equilibrar o caixa, e Kaká, sempre cobiçado pelos maiores clubes da Europa, via o cerco se fechar cada vez mais sobre ele. Ainda em 2008, a imprensa inglesa anunciou o interesse do Chelsea, o mesmo clube que quisera contratá-lo quando jogava no São Paulo e que agora estaria disposto a desembolsar 100 milhões de euros. A negociação, no entanto, não evoluiu.

A primeira proposta oficial veio no início de 2009. O Manchester City, clube inglês onde já jogava Robinho, seu companheiro de seleção, e que tinha sido comprado por um magnata do petróleo, ofereceu a assombrosa quantia de 105 milhões de euros, que caso tivesse sido aceita bancaria a maior transação do futebol mundial. A cifra balançou o milionário Silvio Berlusconi, dono do Milan, mas ele não quis enfrentar a ira dos torcedores – que exibiam faixas com dizeres como "Não toque no meu Kaká" durante as partidas do Campeonato Italiano – e deixou a decisão para o jogador. Para surpresa dos jornais italianos, que já davam a transferência como certa, o fico do craque foi anunciado em entrevista coletiva.

Em meio à repercussão mundial da negação da proposta, Kaká entrava em campo e voltava a ser decisivo: fez um gol e deu o passe para outro na vitória sobre a Fiorentina pela última rodada do Italiano, que valeu a volta do Milan à Liga dos Campeões. Mas não voltaria a disputar a competição pelo clube. Pouco depois do fim da temporada, no dia 10 de junho, aceitou uma proposta de valor bem menor (65 milhões de euros), mas vinda de um clube de grande tradição no futebol mundial e que já tinha demonstrado interesse por ele: o Real Madrid. Juntou-se ao português Cristiano Ronaldo, eleito o melhor do mundo logo depois dele, para formar uma nova geração do que os torcedores chamam de "galácticos".

Assim que acertou sua transferência, Kaká se juntou à seleção brasileira na África do Sul, para a disputa de mais uma edição da Copa das Confederações. Já era um dos líderes do time de Dunga, foi campeão mais uma vez e eleito o melhor jogador da competição. De lá, voou direto para Madri, onde foi recebido por 40 mil torcedores numa cerimônia de apresentação transmitida pela televisão.

Nos nove anos que se seguiram ao acidente que quase interrompeu sua carreira, Kaká chegou às páginas deste livro campeão do Rio-São Paulo, do Campeonato Italiano, do Mundial Interclubes e da Liga dos Campeões da Europa pelos clubes que defendeu; campeão mundial (embora na reserva) e bicampeão da Copa das Confederações pela seleção brasileira. Está na hora de acrescentar alguns itens àquela lista.

Com a camisa da seleção, preparando-se para a Copa da Alemanha: fracasso.

Parreira orienta Kaká, um dos pilares de seu quadrado mágico.

ENTREVISTA
# PARREIRA

"É um craque dos tempos modernos, a serviço do time. Uma palavra o define muito bem: agudo."

Carlos Alberto Parreira concedeu esta entrevista pouco antes de embarcar para a África do Sul e retomar o caminho de sua sétima Copa do Mundo, desta vez como treinador da seleção do país anfitrião de 2010. A trajetória desse carioca do subúrbio de Padre Miguel como treinador já começou internacional: em 1967, foi indicado para dirigir a seleção de Gana, que na época ainda não tinha projeção mundial. Mas a participação de Parreira em Copas começou em 1970, no México, como preparador físico do inesquecível time de camisas 10 dirigido por Zagallo. Era dele, também, a tarefa de observar as seleções adversárias. E não parou mais – é hoje um dos mais respeitados estudiosos do futebol no planeta.

Como treinador, Parreira dirigiu a seleção brasileira na Copa de 1994, tendo Zagallo como coordenador técnico, na conquista do tetracampeonato mundial. Criticado – mesmo depois de levantar o troféu – por ter montado uma seleção considerada defensiva [embora tivesse escalado Bebeto e Romário, uma das maiores duplas de ataque da história do futebol], voltou em 2006 com uma proposta radicalmente diferente. Transformou jovens de destaque como Kaká e Adriano em titulares, unindo-os a astros da conquista do penta como Ronaldo e Ronaldinho Gaúcho, montando o que se chamou de "quadrado mágico".

Antes e durante o Mundial da Alemanha, o time que encantara o planeta com seu estilo ofensivo na Copa das Confederações e nas

Eliminatórias desandou. Eliminado pela França nas quartas de final, o quadrado viu sua magia se dissolver em acusações de erros de preparação, jogadores fora do peso, falta de compromisso... Mas ficou uma base para 2010, comandada por um novo camisa 10 que com Parreira se firmou na seleção: Kaká.

*Quando você assumiu a seleção, na preparação para a Copa de 2006, Kaká era ainda uma promessa. Quando ele começou a ganhar um lugar no time?*
Ele já era jogador do Milan quando o convoquei pela primeira vez. Mas eu ainda o via como reserva do Rivaldo. Lancei-o num jogo das Eliminatórias, contra a Colômbia, e na primeira vez em que tocou na bola fez um golaço de fora da área. Lembro-me de ter brincado, no banco: "Opa, técnico bom esse!"

*E ainda nas Eliminatórias ele tiraria do time o camisa 10 da seleção pentacampeã...*
Acabei não convocando o Rivaldo para a Copa por causa do Kaká. Quando perdeu o lugar no time titular, ele chegou a dar entrevistas dizendo que tinha decidido abandonar a seleção. Depois, mandou um recado: aceitaria voltar. Mas eu já tinha um time com a média de idade muito alta, e o Kaká estava exercendo a função dele muito bem.

*Kaká ainda não era um autêntico camisa 10 naquele time. Hoje, é o comandante da seleção. Como você definiria o estilo dele?*
É um craque dos tempos modernos. Não é um jogador do tipo do Zico ou do Platini, que tinham muito senso de equipe, mas que se valiam de um grande talento individual. Kaká é um craque a serviço do time. Tem uma palavra que está sendo muito usada no futebol de hoje e que o define muito bem: agudo.

*Quem você levou à Copa como camisa 10 foi Ronaldinho Gaúcho. Essa descrição que fez do Kaká parece oposta à dele...*
São estilos que se complementam. O Kaká não tem a habilidade do Ronaldinho Gaúcho, mas o Ronaldinho não tem a arrancada dele. Essa é a característica principal do Kaká, a saída rápida em direção à área que termina com o chute a gol ou o passe mortal. O Dunga, quando me sucedeu na seleção, soube aproveitar muito bem isso, recuando um pouco o time para dar o espaço de que ele precisa.

*E por que uma dupla com tanto potencial não ganhou a Copa de 2006?*
Eles não renderam o que se esperava, principalmente pelo aspecto físico. Kaká chegou meio contundido, fora de forma. Cheguei até a reclamar do Milan na época, porque o time já não tinha mais chances no Campeonato Italiano e ele continuou sendo escalado até o fim. Ronaldinho disputou a final da Liga dos Campeões da Uefa, foi campeão e conquistou também o título espanhol. Isso o desgastou. A França e a Argentina tinham sofrido isso na Copa de 2002. Eram as grandes favoritas, mas os jogadores chegaram estourados dos clubes e ambas acabaram eliminadas na primeira fase.

*Como Kaká reagiu à eliminação? Era um jogador jovem tendo sua primeira chance como protagonista.*
No vestiário, estava arrasado, como todo mundo. Uma Copa do Mundo tem uma carga emocional muito grande. Mas depois conversamos pouco. O futebol hoje é assim. Terminamos a partida, voltamos para o hotel e às 11 horas da noite a seleção já não existia mais.

*Nesse novo futebol, ainda é possível conhecer um jogador de perto? Fala-se muito da seriedade do Kaká nas concentrações. Você testemunhou isso?*
Fui ao quarto dele duas ou três vezes. E ele estava sempre estudando inglês ou investindo em ações. É realmente um atleta muito disciplinado, muito concentrado no trabalho.

*E certamente leva toda essa aplicação para dentro de campo. Mas consegue exercer a liderança que se espera de um camisa 10, mesmo sendo tão reservado?*
Ele gosta de trabalhar e tem personalidade. Gosta de ganhar também, e por isso é um guerreiro em campo. Na nossa época, não era um dos principais líderes, mas já mostrava esse potencial.

*Kaká chegou à Copa de 2006 como campeão do mundo, embora tenha atuado apenas alguns minutos em 2002. Ele sempre teve qualidades para ser jogador de seleção?*
Conheci o Kaká quando ele tinha 19 anos. Eu era técnico do Internacional, fui visitar o São Paulo e me apresentaram a ele. Depois, passei a vê-lo nas seleções de base e no clube. Mas tive certeza do talento dele quando o enfrentei pela primeira vez. Estávamos fazendo um bom trabalho de reestruturação no Inter, mas naquele dia ele acabou com o jogo no Beira-Rio. Fez dois gols, deu passe para outro... Uma declaração minha no vestiário chegou a causar repercussão. Eu disse que um jogador como aquele não poderia ficar fora da Copa do Mundo. Até hoje o Kaká me agradece, porque acabou sendo convocado pelo Felipão.

*Como você vê a transferência dele para o Real Madrid?*
No futebol de hoje, chega uma hora em que você não tem mais como segurar. Ele já estava há seis anos no Milan. Teve uma ótima fase, num esquema 4-3-1-2 bem radicalizado, em que os três volantes, Pirlo, Gattuso e Seedorf, tinham saúde de vaca premiada e o deixavam livre para criar. Assim, cansou de deixar o Schevchenko e o Crespo na cara do gol, e fazia os seus também. Agora vai ter que encontrar seu espaço no Real. E não lhe falta qualidade para isso.

# Bibliografia

ASSAF, R.; COIMBRA, A. A. (Zico); GARCIA, R. *Zico:* 50 anos de futebol. Rio de Janeiro: Record, 2003.

ASSAF, R.; NAPOLEÃO, A. C. *Seleção brasileira* – 90 anos. Rio de Janeiro: Mauad, 2004.

ASSUMPÇÃO, J. C.; GOUSSINSKY, E. *Deuses da bola.* São Paulo: DBA, 1998.

BOSIO, F.; NALESSO, R. *Eterno xodó:* a verdadeira história de Neto, um dos mais irreverentes e polêmicos ídolos do futebol brasileiro. Rio de Janeiro: Gryphus, 2002.

CARMONA, L.; POLI, G. *Almanaque do futebol SporTV.* Rio de Janeiro: Casa da Palavra, COB Cultural, 2009.

CASTELO, J. *Pelé:* os dez corações do Rei. Rio de Janeiro: Ediouro, 2004.

CORDEIRO, L. C. *De Edson a Pelé.* São Paulo: DBA, 1997.

DUARTE, M. *Guia dos craques.* São Paulo: Editora Abril, 2000.

FILHO, M. *O negro no futebol brasileiro.* Rio de Janeiro: Mauad, 2003.

FILHO, S. X. *Pelé, o atleta do século.* São Paulo: Abril Multimídia, 2000.

HEIZER, T. *O jogo bruto das Copas do Mundo.* Rio de Janeiro: Mauad, 1997. Edição atualizada, 2001.

LANCE!. *Enciclopédia do futebol, volumes 1 e 2.* Rio de Janeiro/São Paulo: Areté Editorial, 2006.

_____. *Futebol passo a passo:* técnica, tática e estratégia/Bebeto, Valdano, Paulo Vinicius Coelho. São Paulo: LANCE! Editorial, 2006.

_____. *Todas as Copas:* 1930 a 2002 [coord. Paulo Marcos de Mendonça Lima, ed. de arte Alex Borba]. Rio de Janeiro: Areté Editorial, 2006.

LEMOS, V.; RIBEIRO, A. *A magia da camisa 10.* Campinas: Verus, 2006.

MÁXIMO, J. *Brasil:* um século de futebol arte e magia. Rio de Janeiro: Aprazível Edições, 2005/2006.

NOGUEIRA, A. *A ginga e o jogo.* São Paulo: Objetiva, 2003.

_____. *Bola na rede.* Rio de Janeiro: Editora Vozes, 1973.

NOGUEIRA, C. *Futebol Brasil memória:* de Oscar Cox a Leônidas da Silva (1897-1937). Rio de Janeiro: Senac, 2006.

NORIEGA, M. *Os 11 maiores técnicos do futebol brasileiro.* São Paulo: Contexto, 2009.

PERDIGÃO, P. *Anatomia de uma derrota.* Porto Alegre: L&PM, 2000.

PUGLIESE, O. P. *Sai da rua, Roberto!* São Paulo: Master Book, 1999.

RODRIGUES, N. *O berro impresso das manchetes.* Rio de Janeiro: Agir, 2007.

SALDANHA, J. *O trauma da bola* – a Copa de 82 por João Saldanha. São Paulo: Cosac Naify, 2002.

SANTANA, J. *Páginas heróicas onde a imagem do Cruzeiro resplandece*. São Paulo: DBA, 2003.

SILVA, T. S. (Zizinho). *Zizinho:* o mestre Ziza – edições do Maracanã. Rio de Janeiro: Secretaria de Estado de Esporte e Lazer, 1985.

SOTER, I. *Enciclopédia da seleção* – as seleções brasileiras de futebol 1914-2002. Rio de Janeiro: Ediouro, 2004.

SOUZA, K. M. *Divino:* a vida e a arte de Ademir da Guia. Rio de Janeiro: Gryphus, 2001.

VICINTIN, B. B. *Jogos imortais:* as 86 melhores partidas do Cruzeiro Esporte Clube. Belo Horizonte: ABC e Prefácio Comunicações, 2007.

WISNIK, J. M. *Veneno remédio:* o futebol e o Brasil. São Paulo: Companhia das Letras, 2008.

# Posfácio

ZICO

Quando Marcelo Barreto me convidou para escrever o posfácio de seu livro, eu fiquei preocupado. Afinal, ele me explicara que a obra listava os 11 maiores camisas 10 do Brasil. Como se fosse um time fechado. Eu logo pensei: como escalar 11 num universo tão rico de jogadores? Marcelo, que é um excelente jornalista esportivo, conseguiu encontrar um caminho e montou um timaço com todos na mesma posição. E eu estou aqui nesta obra, com muito orgulho, homenageado com a entrevista do meu amigo e ex-companheiro Leo, o Junior.

Ao meu lado, encontrei ídolos como Pelé, Zizinho, além de craques entrevistados sobre os camisas 10, como Tostão, Falcão etc. Um passeio legal por várias gerações. Você acabou o livro pensando que tal jogador poderia estar na lista? Sem dúvida. Falando de futebol brasileiro, de listas, de seleções, sempre haverá diversas opiniões. Meu ídolo, Dida, que me inspirou no futebol, ficou de fora. Só para citar um exemplo. E vai ter gente lembrando de outros craques que não entraram. O importante, no entanto, é que Marcelo Barreto prestou mais um belo serviço ao futebol brasileiro resgatando os perfis, as histórias, fortalecendo a mística camisa 10 e alimentando esse eterno debate que nos reaviva a memória.

# O Autor

Marcelo Barreto nasceu em Bicas-MG, no dia 20 de novembro de 1967. Formado em jornalismo pela PUC-MG, fez o *fellowship* de jornalismo da Universidade de Michigan e o MBA executivo do Coppead-Rio. Trabalhou no *Globo* e no *Lance!*, dirigiu o *Lance-net!* e lançou a revista *Lance!A+*. Nas Organizações Globo, onde está desde 2000, foi editor-chefe do *Portal do Esporte*, além de editor de texto e repórter de esportes da TV Globo. Criou e chefiou o núcleo de produção do SporTV, em que hoje atua como apresentador. É autor, com Armando Freitas, do *Almanaque Olímpico SporTV*, lançado em 2008. Cobriu duas Olimpíadas, uma Copa do Mundo, duas Copas das Confederações, três Mundiais de Basquete e outros eventos internacionais.

# Agradecimentos

O pontapé inicial deste livro foi dado com a generosidade de Maurício Noriega. Graças à indicação do grande amigo, brilhante jornalista e autor do primeiro livro desta coleção – *Os 11 maiores técnicos do futebol brasileiro* –, tive o prazer de conhecer a Editora Contexto e receber o atencioso tratamento de Jaime e Luciana Pinsky, sempre compreensivos com minhas dificuldades e meus atrasos.

A biblioteca de Lédio Carmona e a agenda telefônica de Sérgio Lobo foram as bases sobre as quais o texto de *Os 11 maiores camisas 10 do futebol brasileiro* foi construído. Rodolfo Fernandes abriu as portas da Agência Globo, onde fui recebido por Ricardo Mello com a gentileza de sempre. A eles e aos funcionários que trabalharam na pesquisa e no tratamento das fotos – além, é claro, de seus autores, os fotógrafos – cabe todo o mérito pelos documentos históricos que ilustram este livro.

Teixeira Heizer, Toninho Neves e Raul Plassmann dispuseram de seu precioso tempo para revisar capítulos. A atenção que me dispensaram os entrevistados também merece registro. Foi um privilégio conversar com 11 dos maiores nomes do futebol brasileiro em todos os tempos. Neto contribuiu com informações valiosas sobre sua própria carreira e também sobre a de Raí. Zico revisou seu próprio capítulo e ainda me honrou com o posfácio.

Além deles, outras pessoas, em maior ou menor grau, algumas até sem saber, tornaram este livro possível: Acaz Fellegger, Alexandre Massi, André Rizek, Aydano André Motta, Carlos Cereto, Cesar Oliveira, Ivan Drummond, Ligia Carriel, Luiz Mendes, Mariana Vitarelli, Paulo Cesar Vasconcellos, Paula Paradellas, Roberto Proença, Sidney Garambone e Telmo Zanini. Se alguém foi esquecido, é um erro imperdoável que só uma segunda edição poderá amenizar.

Minha mulher, Simone, foi, como sempre, minha primeira leitora e minha maior incentivadora. Dela e de meus filhos, Nina e Pedro,

*Os 11 maiores camisas 10 do futebol brasileiro* roubaram algum tempo – que espero compensar com a alegria de tê-los a meu lado no lançamento de mais um livro.

E o obrigado final vai para os camisas 10. A arte que mostraram em campo é a razão de ser deste livro e de tantas memórias felizes no coração dos torcedores brasileiros.